明日必ず学校に行きたくなる

吉田智雄 著

ダイヤモンド社

はじめに

皆さんは気づいているでしょうか。

私たちが暮らす社会、私たちを取り巻く環境が大きく変化していることを。

今、私たちが暮らしている「情報社会」では、コンピュータとネットワークが大きな役割を果たしています。

そういうなかで、人間の脳のメカニズムをコンピュータ上に再現したＡＩ（人工知能）の開発が進展。

言語を理解し、論理的な推論をし、経験を学習して成長していくＡＩロボットは、数十年後、今の子どもたちが社会人として働いているそのころには、これまで人間が担ってきた職業の大半をこなすようになると予測されています。

日本の教育も大きく変わりつつあります。

これまで日本の教育は、「ものごとにはかならず正解がある」と考える正解主義に基づいて行われてきました。

択一式の試験はその典型的な例です。

しかし現代社会はあらゆるものごとが多様化し、複雑化し、しかも変化しつづけており、「正解」といえるようなものが存在しません。

そこで自分なりの答えを創出するために、分析力、創造力、発想力などを駆使し、あるいは高度なコミュニケーション能力を使い、多分野のさまざまな人々と共働していくことが求められるようになっています。

このように世界の枠組みや社会のあり方が変化するなかで、求められる能力や知識も大きく変わってきています。


共通一次試験という名称でスタートした択一問題中心の大学入試センター試験は、2020年に廃止。

表現力や発想力、コミュニケーション能力など、21世紀の成熟社会で必要とされる能力を問う新しい形の入学試験が始まります。

文部科学省はそれに合わせて、初等・中等教育で「アクティブ・ラーニング」を導入することを決定しました。

じつはこの導入は日本の教育界にとって百年に一度ともいわれる大変革なのですが、一般には「え!? アクティブ・ラーニングってなに?」とおっしゃる方が大半かもしれません。

アクティブ・ラーニングとは、欧米やその他の教育先進国で数十年も前から取り入れられている世界標準といってもいい教育手法です。

まもなく小・中・高等学校の教室で実際に、そういう新しいメソッドを取り入れた授業が行われるようになります。

子どもたちはこのように大きく変わりつつある時代に生きています。

そしてこれからも、激しい変化の波をかいくぐって生きていかなければいけません。

親である皆さんにはそういう現状をよく知り、子どもたちにどのような教育を受けさせればいいのか、子どもたちをどのような環境のもとで育てればいいのかを真剣に考えていただきたいのです。

そして子どもにとって一生の財産となるような教育と、健やかな成長を育む豊かな環境を授けてあげてほしい、そう願いながら本書を記した次第です。

本書では、新しい教育メソッドであるアクティブ・ラーニングについて解説するとともに、当社が提供するアクティブ・ラーニングを導入した日本で初めてのｅラーニングコンテンツ「スクールＴＶ」についてもご紹介しています。

新しい時代を恐れることなく自信をもって生きていくためのヒントを、本書に見つけていただけたら幸いです。

明日必ず学校に行きたくなる　目次

第1章

私たちは大変革の時代に生きている……15

第2章

今、教育にイノベーションが必要なワケ……37

第3章

日本の教育が大きく変わる

第5章　夢をリアルにしよう……161

第1章
私たちは大変革の時代に生きている

リアルな人型ロボット「HRP−4C」

ワトソン君、銀行マンになる

この本を書いているのは私ではなく、じつはロボットです。

ＡＩ（人工知能）に日本語の単語、文法、言葉づかい、文章構成などを取り込んで記憶させ、本のテーマと内容を設定します。

そうすると、ＡＩがネット上から必要な情報を集めてきて、それらを適当に組み合わせて、こうして文章をつくってくれるのです。

どうです、立派なものでしょう。

――というのは冗談で、これを書いているのは私自身ですが、コンピュータやロボットが文章を書いたり資料整理をするといったことは、もうSF小説や映画のなかの話ではなくなってきています。

ＡＰ通信や経済誌の「フォーブス」ではすでに、ＡＩを記者として〝採用〟し、記事の作成を行っています。ＡＰ通信が２０１４年1年間に、ＡＩで自動作成した記事やレポートは10億本に達したと毎日新聞の特派員は伝えています。

日本でも三井住友銀行が、アメリカＩＢＭの認知型コンピュータ「ワトソン」を〝採用〟したという発表がありました。

アメリカ生まれのワトソン君は、同行の〝入社試験〟を受けるために日本語を徹底的に学び、約１５００項目の質問応答集、表計算ソフト８００シート分の業務マニュアル、過去の質問応答履歴などを猛勉強。

みごとパスして、内定をもらったのです。

ワトソン君は同行のコールセンターに配属されて、「ＡＴＭの手数料を知りたいのですが」といった利用者からの問い合わせに答える業務に就く予定で、銀行幹部からは「銀行のことなら何でも知っている超ベテランのスーパー銀行マン」に成長することを期待されています。

ＡＩはほかにも、料理のレシピをつくったり、患者ひとりひとりに適した治療方法や薬を提案したりと、活躍の場をどんどん広げています。

そもそもArtificial Intelligence（人工知能）という言葉がはじめて使われたのは、１９５６年。60年も前です。

そして1960年代、80年代と2度の開発ブームがあったあと、長い冬の時代が続いていましたが、2006年に脳の神経細胞を工学的に再現したAIが誕生。

これがブレークスルーになって、グーグル、フェイスブック、マイクロソフトをはじめ、アメリカのグローバルなテクノロジー企業が開発競争を加速させ、2012年ごろから画期的成果が生み出されて、今は3度目のブームの真っただ中です。

お掃除ロボット、小型無人機のドローン、自動で走行できるロボットカーなど、AIは私たちの生活にどんどん入り込んでいます。

今、あなたの傍らにあるスマートフォンにも、もちろんAIが搭載されています。

2045年、人間はロボットに負ける!?

先ほどのワトソン君、入社試験時の正答率は7割ほどでしたが、その後、数千項目の専門用語を読み込ませたところ、正答率は8割超に。

導入後さらに学習を重ねれば正答率は9割を超えるだろうと、銀行の幹部は予想しています。

ＡＩ先進国のアメリカではすでに、さまざまな職場でＡＩの導入が進んでいます。ことに法律や医療など専門的な知識や経験、高度な判断力が必要とされる分野で進んでおり、人間の高度な知能をもってしかこなせないと思われていた仕事を、素早く、正確に、低コストで処理しています（しかも不平をいわずに）。

ある弁護士事務所では、ＡＩの導入によって、ＡＩを使いこなす上級弁護士と、ＡＩからの指示で働く下級弁護士の二極化が進んでいるというのが現状です。

２０１３年、イギリスのオックスフォード大学の研究グループは「雇用の未来――コンピュータ化によって仕事は失われるのか」という論文を発表しました。

そこには、今後10年でコンピュータに取って代わられる可能性の高い職種が掲載されています。

20ページに紹介したのがその職種の一部ですが、それによると、90％以上の確率でコンピュータに代替されると予想される職種は１７１。50％以上の確率のものも含めると４０４にのぼり、これまでホワイトカラーと呼ばれていた知的職業や、専門技術や経験が必須とされてきた職人的な仕事も多数含まれています。

仕事がAIに取って代わられる可能性

金融機関の窓口担当者 98%

テレマーケター 99%

レジ係 97%

ネイリスト 95%

料理人 96%

レストランの案内係 97%

スポーツの審判 98%

モデル業 98%

銀行の融資担当者 98%

保険の審査担当者 98%

弁護士秘書 98%

データ入力作業員 99%

出典：マイケル・A・オズボーン、カール・ベネディクト・フライ
「THE FUTURE OF EMPLOYMENT:HOW SUSCEPTIBLE ARE JOBS TO COMPUTERISATION?」（2013年）より

つまりホワイトカラーだろうがブルーカラーだろうが、既存の大部分の仕事がＡＩに取って代わられる可能性があるわけです。そうなると、大量の失業者が出て、所得の格差、貧富の差は今以上に広がっていくことは間違いありません。

今世紀のはじめ、ある未来学者は「この１００年間に、２万年分の進歩が凝縮した形で達成される」と予言していましたが、変化と進歩のスピードはそれ以上に加速しています。

私たちが生きているのは、そのような社会なのです。

恐れるな、生き残る道はある

何百という仕事が消えてなくなる社会で、いったいどうやって生きていけばいいのだろうか。

不安にかられた方も多いかもしれません。

20ページの表に自分が今就いている仕事を見つけて、暗澹たる気持ちになった方もいるかもしれません。

しかし恐れることはありません。

なぜなら、18～19世紀に農業革命が起きたときにも、産業革命が起きたときにも、多くの職業が消滅し、多くの人々が働き方を変えざるを得ませんでした。

しかし消える職業がある一方で、人間は知恵を駆使して、新しい仕事を次々と創出して発展と進歩を遂げ、生きつづけてきたのです。

今私たちは、情報革命という人類史上3つ目の大きな社会構造変革のなかに生きています。

農業革命や産業革命は空間の制限があるなかでの変革でしたが、情報革命は情報ネットワークという新たな仕組みによって空間や国境の制限が取り払われてしまうため、国や国益という概念があやふやになる可能性をはらんでいます。

また、情報革命は人間に「膨大な知識」というパワーを与えた点でも、過去2つの社会革命とは大きく異なっています。

この情報革命のうねりの先に、どのような世界、どのような社会が構築されるのか。いまだ予測がつきませんが、恐れることも心配することもありません。

知恵をつければいいのです。

新しい仕事、新しい働き方、新しいモノ、新しい技術、新しい概念、新しい戦略……既存の枠組みや常識や価値観にとらわれることなく、新しい何かを創出できる知恵を養っていけばいいのです。

21世紀は「正解のない社会」

日本の教育はずっと、ひとつの正解を求める正解主義で行われてきました。

教室では、先生が正解を教えて生徒はそれを覚えるという授業が行われ、試験では、いくつかある選択肢のなかからひとつの正解を、できるだけ素早く正確に選び出す力が問われました。

そういう教育は、20世紀の成長社会には適していました。

たとえば１９６０～70年代の日本の高度経済成長期。

当時は「欧米に追いつけ追い越せ」が合言葉で、欧米のライフスタイル、企業や製品が「正解」のモデルでした。「大きいことは良いことだ」「安いことは良いことだ」といった明確な指針も存在していました。

成長社会においては、そうした正解や指針をめざしてモノづくりをしていれば、間違いはありませんでした。ですから、正解を素早く見つけられる人間、正確に素早くモノづくりができる人間を教育することが必要だったのです。

しかし、今私たちが生きている社会は、そういう社会ではありません。

大きいことが良いことだとは限らない。

小さいほうが良い場合もあるし、小さいほうを好む人もいる。

安いモノがいいとは限らない。

高いモノが好まれる場合もある。

「これが正しい」という答えはないし基準もない、すべてが多様化し、複雑化し、しかも変化しつづけていく、既存の常識や価値観などいっさい通用しない社会です。

このような社会を成熟社会といいます。

若い人はまだピンとこないかもしれませんが、あと10年もするとさまざまな場面でそういう実感が強くなってくるはずです。

成熟社会においては、日本がずっと続けてきたような、素早く正確にひとつの解答を見つける正解主義の教育は役に立ちません。

正解など存在しない世の中だからです。

そういう社会で求められるのは、自分なりに問題を見つけ出して、自分で仮説を立て、正解のないところに自分なりの答えをつくり出していく力です。

こんな方法もある、こんなやり方もできる、こんな考え方もできる——と柔軟な発想をし、自由な思考をし、いろいろなアイディアを考え出していく知恵です。

この成熟社会を生きていく子どもたちに必要なのは、そういう力や知恵を養う「新しい教育」です。

この設問に答えられるか

ひとつ、問題を出しましょう。

あなたは、左ページの問題に答えることができるでしょうか。考えてみてください。

これはグーグルの入社試験で出された問題といわれています。

このような問いは、知識で答えられるものではなく、知恵が必要です。

グーグルの入社試験については、ネット上で話題を呼ぶことが多く、それらを集めた『【非公認】Googleの入社試験』や『Googleがほしがるスマート脳のつくり方』という本まで出版されています。

そこにはこのような問題もあります。

「あなたの個人的な見解では、これまでに導出された数学の方程式の中で、いちばん美しいのはどれですか?」

「晴れた日曜の午後2時。あなたはサンフランシスコの海辺の町(ベイエリア)にいて、太平洋とセコイア杉の森のハイキングコースと世界レベルの文化的な催しがあります。そのどこへも数分で行くことができるとしたら、あなたはどうしますか?」

柔軟な思考、自由な発想、豊かで的確な表現力を備えていないと答えることができない問いばかりです。

また、アメリカのある大学の口頭試問では、次のような問題が出されたことがあります。

グーグルの入社試験問題

1

1 1

2 1

1 2 1 1

1 1 1 2 2 1

?

【次にくる数字は？】

出典：竹内薫編『【非公認】Googleの入社試験』徳間書店（2008年刊）より

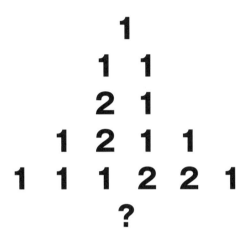

「道路に黄色の二重線を引き、『この場所に車を止めた者は死刑に処する』という法律をつくったところ、駐車違反は減少しました。このような法律をつくることは正しいと思いますか」

これは恐怖で人をコントロールする法律や社会についてどう考えるかを問う設問ですが、日本人の受験生のいったいどれだけの人が、個性的な解答をすることができるでしょうか。

決まりきった問題の解法を覚え、公式や単語や年号を暗記するだけの勉強をしてきた受験生はきっと答えに窮するでしょう。

欧米や教育先進国ではすでに、課題を自分なりの思考でとらえ、より良い方向性を提示する〝最適解〟、多くの人が納得できる〝納得解〟を導き出す能力を養成する教育が行われています。

それは21世紀が「正解のない社会」であり、正解のない社会では考える力や分析する力、表現する力が必須であることが前提となっているからです。

日本の教育に地殻変動を起こす

2012年8月、文部科学大臣の諮問機関である中央教育審議会は次のような発表を行いました。

「生涯にわたって学び続ける力、主体的に考える力を持った人材は、学生からみて受動的な教育の場では育成することができない。（中略）学生が主体的に問題を発見し解を見いだしていく能動的学修（アクティブ・ラーニング）への転換が必要である」[*1]

アクティブ・ラーニングとは何か。

詳しくはあとの章で紹介しますが、アクティブ・ラーニングとは、学習内容を効率よく、また効果的に身につけることができる学びのカタチです。

学生時代を振り返ってみてください。

先生の講義をただ聞いているだけの授業と、体験や発表を行ったときと、どちらの内容が印象に残っていますか。

きっと体験や発表をしたときのほうでしょう。

「講義を聞く」という受動的な学び方では、内容が定着しにくいのです。

ある調査によれば、耳で聞いただけでは、半年後には内容の95％を忘れてしまうことがわかっています。

一方、体験をしたり、調べたり、仲間と議論したり、教え合ったり、能動的に学ぶことがアクティブ・ラーニングですが、このように能動的に学んだ内容は、半年経っても半分以上を覚えているのです。

アメリカでは何十年も前から、初等・中等・高等教育、すべての段階でアクティブ・ラーニングが取り入れられており、その後、ヨーロッパやアジアの教育先進国でも導入され、今では教育のグローバルスタンダードになっています。

IT分野をリードする革新的な人材や企業のほとんどがアメリカで誕生したのは、アクティブ・ラーニングの成果の一端といっても過言ではありません。

それとは逆に、かつては世界1、2位を争っていた日本の経済と産業が二流、三流へと転落したのは、旧態依然の授業方法、正解主義、暗記重視の教育にしがみつき、現代に必要な教育方法への移行、人材育成の努力を怠ってきたからだといわざるを得ないでしょう。

しかし文部科学省もようやく本腰を入れて改革に動き出したようです。

日本の教育はこれから大きく変わっていくはずです。

変わらなければなりません。

これは40~50年に一度、いえ、それ以上といってもいいほどの大転換です。

先生や親が必死に教えたり、子どものお尻をたたいて勉強させようとしても、子どもが受け身の姿勢で学んでいる限り学力は伸びません。

学力を伸ばすのにいちばん効果的、かつ効率的なのは、子どもの〝能動スイッチ〟をオンにすることです。

それができればあとは勝手に自走して、学力や能力は上がっていきます。

アクティブ・ラーニングは、その〝能動スイッチ〟をオンにするメソッドなのです。

授業についていけず学校がつまらないと感じている子どもも、〝能動スイッチ〟を入れてあげると学んだ内容が身につくようになります。

そうすれば授業についていくことができ、学校に行くことも楽しくなるでしょう。

「勉強するっておもしろい」「新しいことを学ぶってワクワクする」と、感じられるようにもなるでしょう。

これがアクティブ・ラーニングのすばらしさです。


私は今、ワクワクしています。

私がアクティブ・ラーニングという教育メソッドに出会ったのは数年前のことですが、そのとき、これこそ子どもに必要な学びの方法であり、今求められている最高の教育方法だと直感したからです。

私は「イー・ラーニング研究所」を立ち上げてからずっと、主に子ども向けの学習コンテンツの制作・配信に携わってきましたが、その間、試行錯誤しつづけてきたのは、どうすれば子どもたちにやる気を起こさせて、「学びたい、もっと学んでみたい」と思ってもらうことができるだろうかということでした。

自社の学習コンテンツの内容には自信がありました。

ですから、使ってもらえれば学力がつく、使ってくれさえしたら成績が伸びると確信していましたが、当の子どもにやる気がなかったら、親が「これを使いなさい」といったところで勉強しません。

やる気がなければ継続もできないし、継続しなければ学習効果も上がりません。

ですから私は13年間、子どもたちにやる気を起こさせる方法を模索しつづけていました。

それをアクティブ・ラーニングに見つけたのです。

アクティブ・ラーニングの〝能動スイッチ〟。これこそ子どもたちのやる気の電源だったわけです。


「経営の神様」といわれたパナソニックの創業者・松下幸之助氏は、質のいいものを水道水のように安く大量に供給して物価を下げ、すべての消費者が容易に手に入れられるようにしたいという思想をもっていました。

いわゆる「水道哲学」です。

私の目標も、すべての子どもたちが良い教育を受けられるように、可能な限り安い価格で良質の教育コンテンツを提供することにあります。

ですから、モットーは「教育の水道哲学」です。

当社は2015年から、アクティブ・ラーニングという、今、最高の教育メソッドを導入した小・中学生向けの学習コンテンツ、「スクールTV」の無料配信(注2)をスタートしました。

アクティブ・ラーニングを導入したeラーニングは、日本ではじめての試みです。

この新しい学習コンテンツ「スクールTV」は、従来のeラーニングによくあるような、紙の問題集をインターネットにのせただけのものでも、ホワイトボードの前で講師が教える様子を固定カメラで撮ったような退屈なものでもありません。

今までにない革新的な、まるでエンターテインメント・ショーのように楽しく学べる動画コンテンツです。

どれだけ楽しく子どもたちに勉強してもらえるか――私たちはそこに挑戦し、その挑戦を形にしました。

また、どれだけおもしろく教えられるかということにも挑戦しました。

教えるときの声のトーン、しぐさ、表情、板書のしかた、画面の切り替え――あらゆる工夫を凝らしました。

子どもたちに「こんなにおもしろい授業があるのか！」と知ってもらい、勉強することのおもしろさに気づいてほしかったからです。

学ぶことが楽しくなったら、昨日まで学校に行くのを嫌がっていた子どもも、「明日は学校に行ってみよう」と思うようになるはずです。

昨日までわからなかったところが理解できるようになったら、明日には「学校で手をあげてみよう」と思えるようになるに違いありません。

学校に行ってみよう、手をあげてみよう――子どもの気持ちがそういうふうに変わってくれること、それがまさに能動的な学びです。

日本の教育は変わらなければいけません。

もう待ったなしの状況です。

そこでまず私たちが率先して新しい学びの方法を提供し、教育界に、日本という国に、地殻変動を起こし、新しい潮流をつくり出そう――と決意しました。

「スクールＴＶ」は日本の教育界への大きなチャレンジです。

そしてこれは私がずっとめざしてきた「教育の水道哲学」の真のスタートです。

（*1）中央教育審議会答申「新たな未来を築くための大学教育の質的転換に向けて～生涯学び続け、主体的に考える力を育成する大学へ～」（平成24年8月28日）より。このなかで「学修」という語が使われているのは、中教審の考えるアクティブ・ラーニングが教える側の教授法やカリキュラムと直結したものであるためです。本書では混乱を避けるために「学習」という語で統一します。

（*2）「スクールＴＶ」では、日本の公立の小学校・中学校で採択されている全教科書49種２４０冊を網羅した学習コンテンツを配信する「ステージ１」を、無料で開放しています。

第2章 今、教育にイノベーションが必要なワケ

「脱ゆとり教育」で、2012年のPISAではすばらしい成績を残した

川崎の事件で思うこと

2015年2月、神奈川県川崎市で中学1年生の男子生徒が殺害されるという事件が起きました。覚えておられる方も多いことでしょう。

被害者の男子生徒は笑顔の絶えない明るい性格で、小学生のころは島根県に住み、バスケットボール部に所属し、チームの司令塔として地区大会で優勝したこともあったといいます。

6年生のときに両親が離婚して、母親の仕事の都合で川崎に転居し、中学に入学。中学でもバスケットボール部で、部活動に積極的に取り組んでいました。

ところが夏ごろから部活を休むようになり、年上のグループに交じって遊ぶ姿が目撃されるようになりました。その後、不登校になり、そして事件が起きました。

加害者として逮捕されたのは、遊び仲間だった年上グループの3人の少年でした。

事件に巻き込まれる1か月ほど前、男子中学生が目の周りに大きなあざをつくっていたので、同級生が問いつめてみると、その遊び仲間にやられたと打ち明けていたそうです。

そうした変化やサインがありながら、なぜ周りのおとなたちは救いの手を差し伸べてあげることができなかったのか――事件の報道を見守りながら、きっと多くの方が、それぞれの立場でいろいろな思いを抱かれたことでしょう。

私が思ったのは、近年、大きな社会問題となっている母子家庭の貧困でした。母子家庭の母親の８割以上は働いていますが、そのうち約７割は年間収入が２００万円未満。ひとり親世帯の子どもの約６人に１人が、貧困状態にあります。

ＯＥＣＤ（経済協力開発機構）の調査によると、日本の子どもの貧困率は15・７％で、加盟34か国中10番目に高い数値です（内閣府「平成26年度子ども・若者白書」）。一生懸命に働いているにもかかわらずなお貧困という、世界でも例を見ないワーキングプアの状態です。

母子家庭の貧困は、ただ「生活が苦しい」というだけで終わる単純な話ではありません。仕事と子育てに加えて生活苦というストレスを抱えた母親は、子どもへの虐待、育児放棄などのリスクを負っています。生活するのに精いっぱいになれば、子どもを塾や習い事に通わせる余裕がなくなります。

学力は低下し、授業についていけなくなった子どもは学校に行くこと自体が苦痛で、

子どもの貧困率(%)

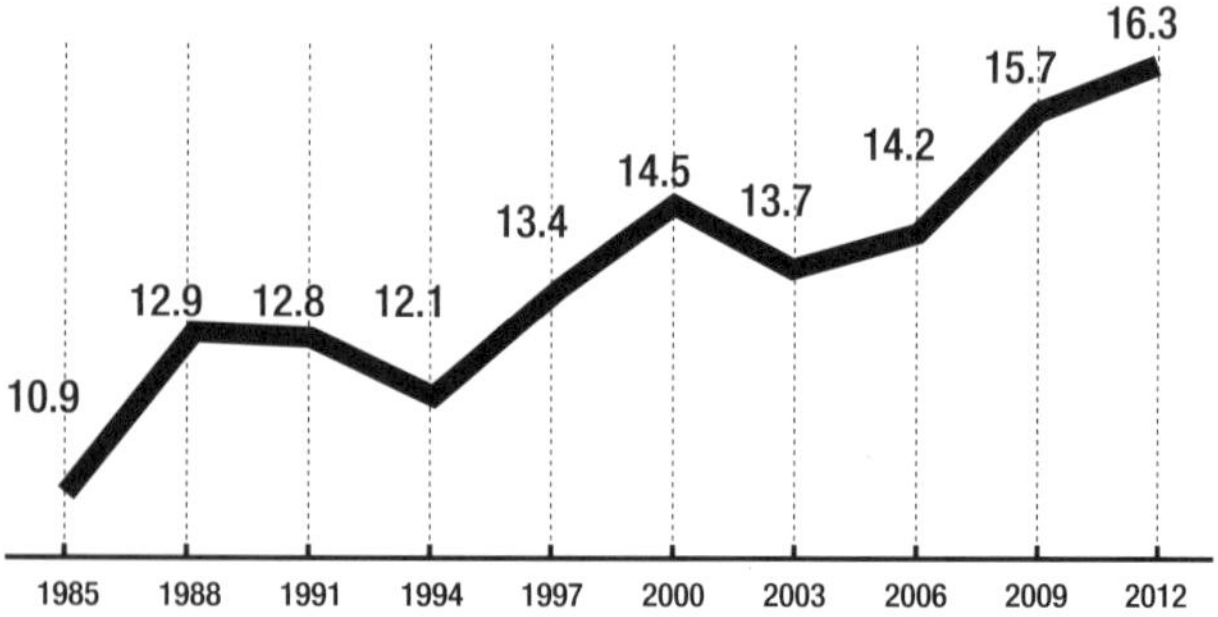

出典：平成25年「国民生活基礎調査の概況」より

	構成比	貧困率
両親と子のみの世帯	63.2%	11%
三世代世帯	28.5%	11%
母子世帯	4.1%	66%
父子世帯	0.6%	19%
高齢者世帯	0.1%	53%
その他の世帯	3.4%	29%

出典：2009年「第24回社会保障審議会少子化特別部会資料」より

OECD34か国の子どもの貧困率（%）

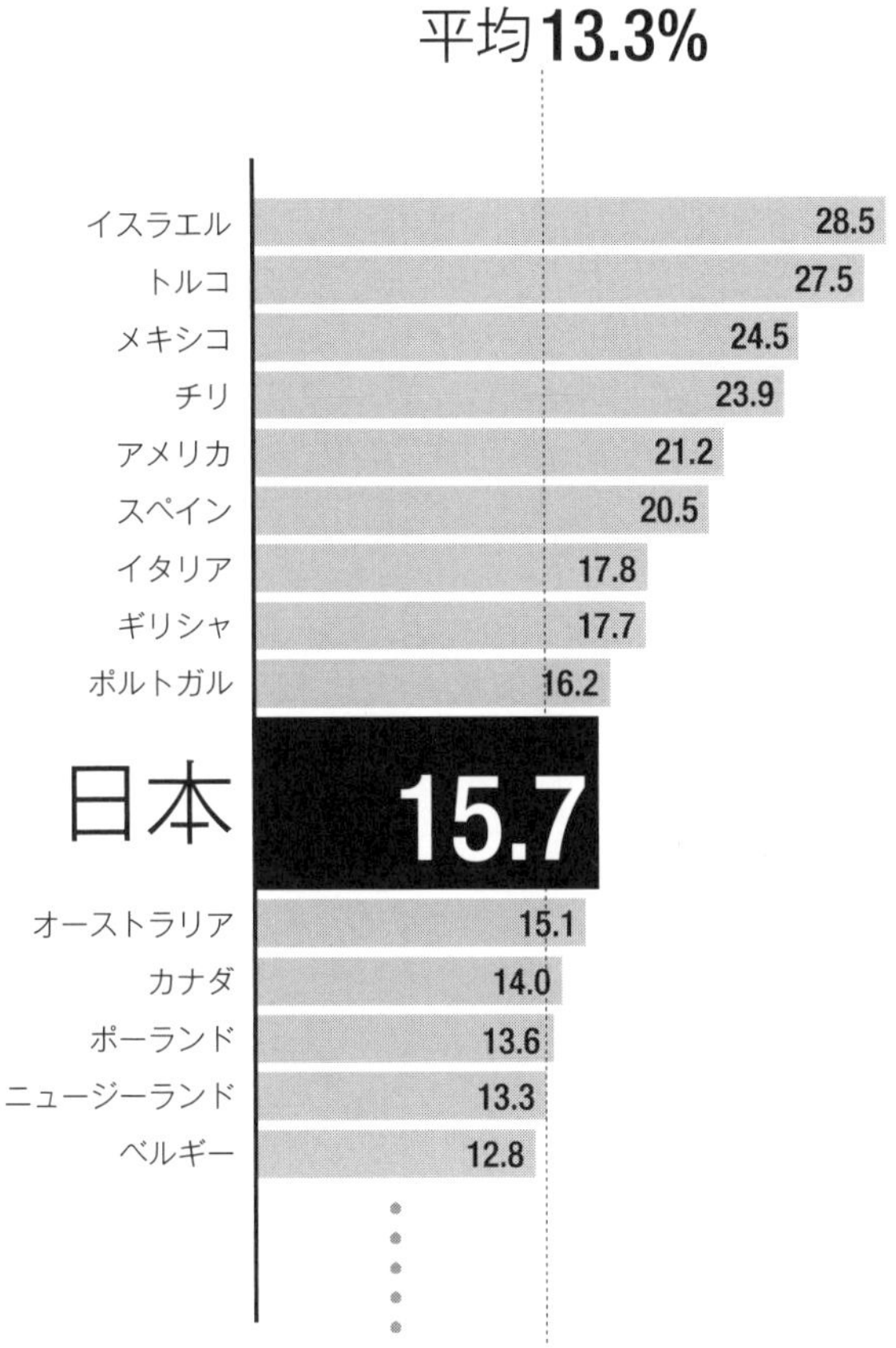

日本の子どもの貧困率は、OECD 加盟国 34 か国中 10 番目に高く、
OECD の平均を上回っている。

出典：内閣府「平成 26 年版子ども・若者白書」より

休みがちになったり、不登校になるでしょう。十分な教育を受けられないと就職も不利になり、安定した収入を得る職業に就くことはむずかしくなります。

家庭の経済状況は、子どもの学力や進学率、最終学歴、フリーター率、就職後の雇用形態など、さまざまな面に影響を与えます。

貧困や学歴は世代を超えて受け継がれる

今の日本が抱えるもうひとつの深刻な問題は、貧困や低学歴が親から子へと、世代をまたいで引き継がれていることです。

大阪府堺市で生活保護を受けている家庭の世帯主の最終学歴を調べたところ、中学校卒は約58％、高校中退が約14％、そのうち母子世帯の高校中退率は約27％。他の地域からもほぼ似たような数字が出されています。

また、内閣府が高校中退者の父母の学歴を調べたところ、父母とも高校を卒業していない割合が他のデータと比較して高く、経済的にも困窮し、生活保護受給者の率も高くなっています。そうした結果、近年はホームレスの低年齢化といった問題も顕著になってきています。

かつてホームレスの平均年齢は50代半ばでしたが、２００８年のリーマンショック以降は20～30代の若者が急増。首都圏にあるホームレスの自立支援センターなどでは、入所者の４分の１から３分の１が20～30代の若者で占められています。

また、ホームレスになった若者の半数以上が貧困家庭の出身で、４割は高校中退だというデータも示されています。

70万人に達するといわれる引きこもり、56万人のニート（若年無業者）、１７９万人ともいうフリーター（内閣府「平成27年版子ども・若者白書」）の存在も、若いホームレスを生み出す土壌になっています。

わが国の教育基本法第４条では、国民は能力に応じて教育を受ける機会を均等に与えられ、社会的身分や経済的地位などによって教育上差別されないと定められていますが、日本は今、子どもが望んでも、家庭環境や経済状態によっては満足な教育を受けられないというきわめて深刻な事態に陥っています。

子どもは、自分で家庭環境を選ぶことができません。

自分で環境を変えることもできません。

貧困家庭に生まれたら、否応なく、ずっとそこで生きていかなければならないのです。だからこそ親は、子どもにできるだけ良い家庭環境を与える努力をしなければなりません。親にはその責任があります。

もちろん日本の社会状況を考えると、親がその責任を果たしたくても果たせない事情がさまざまあることも事実です。それなら国が、社会が、周りのおとなが、そういう親や子どもを助けなければいけません。

子どもは社会の宝、子どもこそが国の礎にほかならないからです。

子どもたちが直面している危機

日本は今、ほかにもいくつかの危機に直面しています。

主なものは3つ。

「少子高齢化の加速による活力の低下」「国際的存在感の低下」「格差の固定化による社会の不安定化」です。

(1) 少子高齢化の加速による活力の低下

総務省が発表した人口推計によると、2015年3月現在の日本の総人口は約1億2689万6000人で、前年より24万人減り、5年連続で減少しています(総務省「人口推計」2015年3月確定値)。

また、2014年の1年間に生まれた子どもの数は100万3539人と過去最低。出生児より死亡者が多い「自然減」が26万9465人で、過去最高(厚生労働省「人口動態総覧の年次推移」)。

国立社会保障・人口問題研究所の人口推計によれば、今後、人口減少のスピードはさらに加速し、2030年代に入ると毎年約100万人ずつ人口が減少していくと予測されています。

人口の規模に加えて年齢構成の変化も深刻な問題で、現在、65歳以上の老年人口は総人口の26%ですが、2060年になるとほぼ40%になってしまいます。

逆に生産年齢人口である15~64歳は、現在の約61%から2060年には約51%へと

年齢区分別将来人口推計

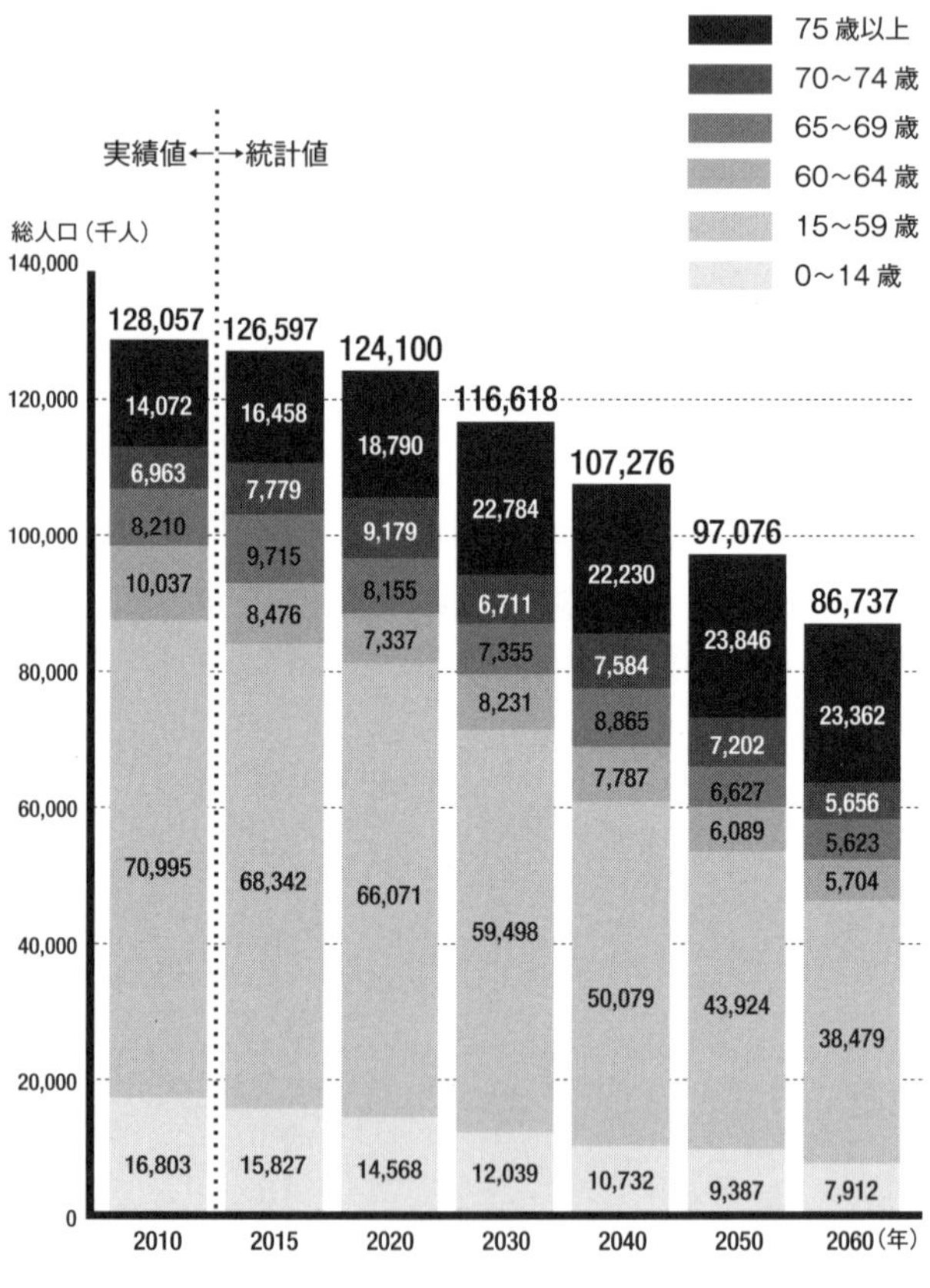

2010年は総務省「国勢調査」、2015年以降は国立社会保障・人口問題研究所「日本の将来推計人口（平成24年1月推計）」の出生中位・死亡中位仮定による推計結果

注）2010年の総数は年齢不詳を含む

出典：内閣府「平成27年版高齢社会白書」より

高齢化の将来推計

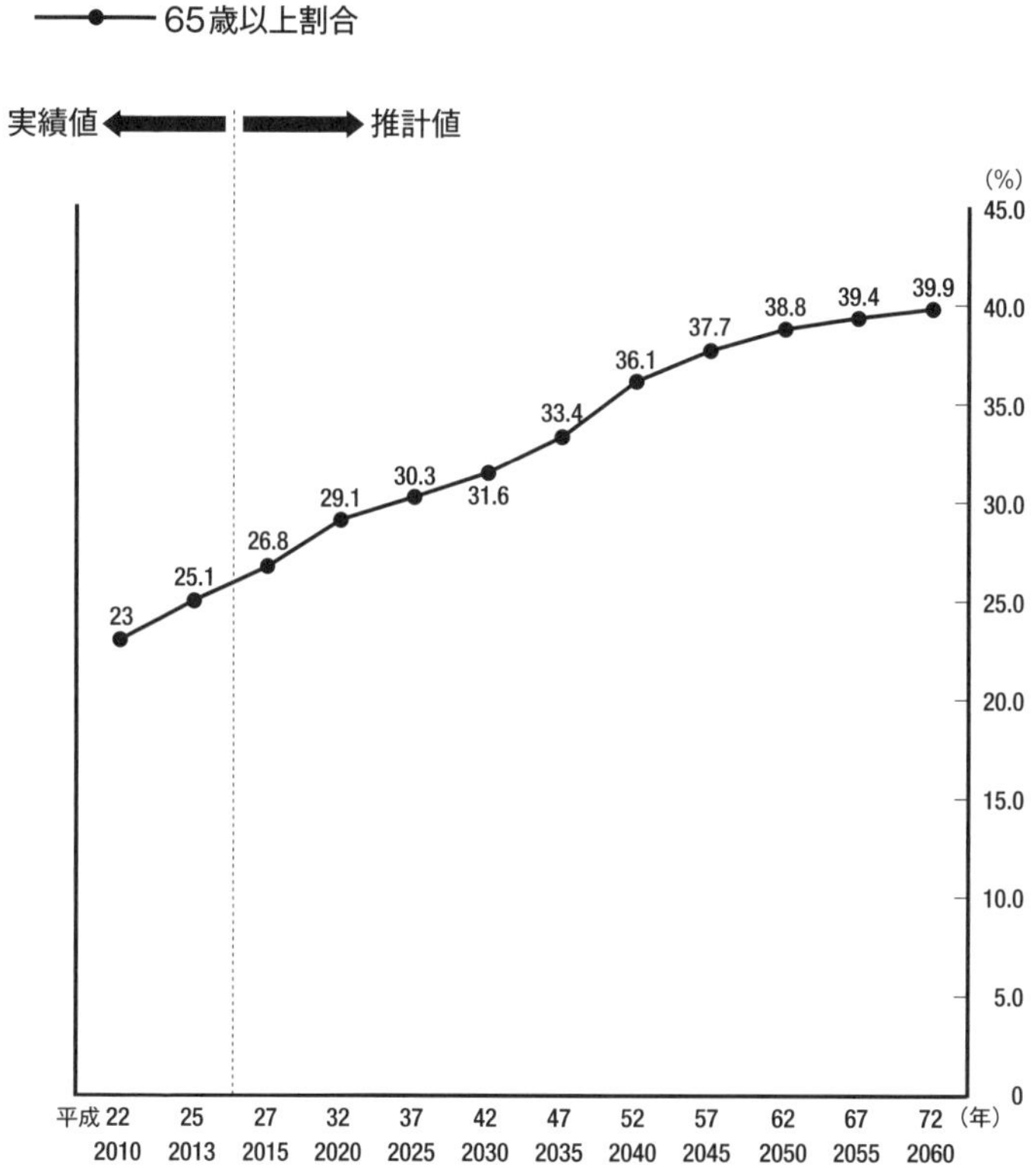

2010年は総務省「国勢調査」、2015年以降は国立社会保障・人口問題研究所「日本の将来推計人口（平成24年1月推計）」の出生中位・死亡中位仮定による推計結果

注）2010年の総数は年齢不詳を含む

出典：内閣府「平成26年版高齢社会白書」より

大きく減少します（内閣府「平成26年版高齢社会白書」）。

このように急激な少子高齢化は、生産性の低下、消費の低下、市場の縮小、税収の減少、社会保障費の増大などを招き、経済成長を抑制し、社会全体の活力を大幅に低下させてしまいます。

また、日本は科学技術創造立国をめざしていますが、人口の減少は人材確保や技術・技能の継承という点で大きな足かせになります。

技術力の低下が起きれば、優秀な人材はさらに海外に流出することになるでしょう。

ちなみに２０１４年の推計では２０４８年には総人口が1億人を割り、９９１３万人になるとみていますが、約15年前、２０００年の国勢調査では２０５０年にはまだ1億人を割らないと予測されていました。

少子高齢化は予測を上回るスピードで進行しているのです。

（2）国際的存在感の低下

世界中を見渡しても、今や一国だけで成り立っている国はありません。

各国は経済的に協力・依存関係にあり、国境を越えた移動はますます活発で、インターネットや国際的メディアの発達によって情報が瞬時に世界中に広まるなど、グローバル化はますます進んでいます。

そうした潮流のなか、日本は1990年代から経済が低迷したこともあって、国際社会における地位、影響力、存在感を著しく低下させています。

かろうじて今は科学技術分野における存在感が保たれていますが、先に触れたように、人口の減少で人材確保が困難になり人材の海外流出が進むと、それさえ危ういといわざるを得ません。

本来、日本は、世界のなかでももっともグローバル化を意識しなければならない国です。

エネルギー、鉱物資源、食糧、看護や介護にかかわる人材、いずれも自国だけでは賄えず外国に依存しているからです。安全保障しかり。

これ以上、国際社会での存在感を失えば、国として立ち行かなくなる日がきてしまいます。

(3) 格差の固定化による社会の不安定化

経済格差、社会格差、学歴格差、日本の社会にさまざまな格差が広がり貧困が固定化しつつあるという話は前に述べたので繰り返しませんが、いくらがんばってもどうせ貧困から抜け出せないと感じたら、だれががんばるでしょうか。

働いても働いてもいっこうに生活が豊かにならないとしたら、だれが安心して暮らしてゆけるでしょうか。

貧困が固定化した社会を覆うのは、不安、絶望感、閉塞感です。

それは社会の活力をますます低下させることになるでしょう。

シンガポールを見習え

私は以前からシンガポールに注目しています。

シンガポールの面積は東京23区をやや上回る規模で、人口は東京の約半分、しかも急速に少子高齢化が進んでいます。

資源が乏しく、これといった産業はなく、食糧の供給を近隣諸国に頼らざるを得ないなど、日本と類似点が多いのです。

しかし異なる点があります。

それは、経済発展を続けていることです。

国際競争力、ビジネス環境、ＩＣＴ競争力など、さまざまな国際競争力ランキングにおいて常にトップレベル。

港と空港は24時間稼働し、アジアのハブとして機能。

世界の有力企業が「もっともビジネスのしやすい国」と評価して拠点を構え、グローバルビジネスの中心地になっているのです。

独立からわずか50年ほどの小国シンガポールが、このような飛躍的発展を遂げたのはなぜなのか。

それは、国民ひとりひとりを重要な国家資源ととらえ、優秀な人材を育成することを国策の優先課題として取り組み、その時代時代に必要な教育政策を実施して、有能なリーダーを育てて国づくりを行ってきたからです。

その証拠に、世界各国がシンガポールを「優秀な人材の宝庫」と注目し、海外のエリートのなかには子どもにシンガポールの教育を受けさせるために移住する人たちが少なくないのです。

数々の歴史的事実が示しているように経済は人口動態がすべてであり、人口が減少する国に経済発展は望めないというのが法則ですが、たとえ人の数が少なくても、質を向上させることで大きな発展の可能性があるということを、シンガポールは示しています。

シンガポールに行くと、国全体が活気に満ちあふれている感があります。

そういう様子を見ると、日本もさほど悲観するものではないと思わされます。しかしそれには、日本も「人を育てる」という点に最大限の力を注がなければいけません。ひとりの人間も無駄にすることなく、個々の能力を開発し、国の発展に直接つなげていく教育をすることが不可欠です。

今のように、経済的な理由で学ぶ機会を逸してしまった子どもや、授業についていけない子どもを放置していてはいけません。まず彼らをすくい上げ、彼らが社会に出たときに本当に役立つ知恵を身につけさせ、自立できるように支援していかなければいけません。

シンガポールは、国家予算の26％以上を教育費に投入しています。国防費に次ぐ2番目のスケールです。

一方、日本はどれくらいかというと、わずか5・8％。先進国のなかでもかなり低率です。

各種指標によるシンガポールと日本の比較

	シンガポール	日本
人口(2014年)	547万人	1億2708万人
合計特殊出生率(2012年)	1.29	1.41
高齢者(65歳以上)比率	9.00%	25.10%
面積	716㎢	37.8万㎢
GDP(2013年)	2979億ドル	4兆8985億ドル
1人当たりGDP(2012年)	5万4776ドル	3万8491ドル
国際競争力指標(2015年)	2位	6位
ICT競争力指標(2014年)	2位	16位
ビジネス環境指標(2015年)	1位	29位

日本(2013年)	シンガポール(2012年)
一般会計歳出総額　92兆6115億円	合計 34,810 million dollar
文教および科学振興　5.8%	Education　26.6%

シンガポールの主要な教育政策

1960年代〜　二言語教育の導入
国家政策として英語を第一言語、母語を第二言語とし必須とした。

1980年代〜　能力振り分け制度の導入
能力別クラス編成を導入し、個々の能力に応じた教育を行う。とくに優秀な生徒は奨学金によるエリート教育が受けられる。

1990年代〜　「Thinking School, Learning Nation」
「生涯にわたって学び続ける能力」の育成を第一義とし、標準的な公式や模範解答を学ばせる授業をやめ、共同学習や生徒個々に応じた指導を推進。

2000年代〜　「Teach Less, Learn More」
試験のための学習ではなく、「生きていくために必要な能力」を重点的に育てる授業へと内容を刷新。

2000年代〜　ICT教育の導入
IT技能、説得力のある伝達能力、効果的に協働できる能力を育成するために、ICT教育を推進。

出典：内閣府ホームページ「諸外国における出生率の状況」、総務省統計局「人口推計」、外務省ホームページ、日本貿易振興機構「各国地域データ比較」、世界銀行レポート「Doing Business2015」、平成25年度「一般会計予算」、GOVERNMENT OPERATING EXPENDITURE (2012) (Public Finance, Statistics Singapore) より

そんな数字を見ると、日本がどれほど教育について真剣に取り組もうとしているのだろうか、子どもの未来をどれだけ大切に思っているのだろうか、と心配せずにはいられません。

しかし同時に、国ができないのなら私たち民間人がやるしかないと、あらためて気持ちが奮い立つのです。

ゆとり教育で子どもたちが勉強しなくなった

日本では、つめ込み教育が子どもから余裕を奪ったことを反省し、１９８０年代にゆとり教育への転換が図られ、１９９８～99年には学習指導要領が大幅に改訂されて、教育内容の３割削減、選択科目の増加、年間授業時数の15％削減、学校週５日制の導入などが実施されました。

しかしこれは「より良い教育への転換」になったのでしょうか。

私自身、25歳の長女を頭に、大学2年生の次女、高校3年生の長男、中学2年生の三女という4人の子どもの父親として、子どもたちの教育には積極的にかかわってきましたが、長女と次女が小学生のときに本格的なゆとり教育が始まり、娘たちが学校から持って帰ってきた教科書があまりにも薄くなったので、「これで本当に大丈夫なのか」と、とても心配したことを覚えています。

案の定、ゆとり教育への転換の影響はその後、国際的な生徒の学習到達度調査「PISA」にはっきりとあらわれました。

PISAは、OECDが加盟国の15歳の生徒を対象に、読解力、数学知識、科学知識、問題解決、それぞれの学習到達度を測る調査です。

2000年にスタートして以降、3年ごとに行われ、日本は初年度の2000年に参加32か国中、数学はトップ、読解力8位、科学2位の成績をおさめました。

しかし2003年には、科学でトップだったものの、数学は6位、読解力は14位。2006年は、科学6位、数学10位、読解力15位と、すべてにおいて前回を大きく下回りました。

また、2004年にIEA（国際教育到達度評価学会）が行った初等中等教育段階における算数および理科の教育到達度調査においても、日本の小学4年生の理科と中

順位	2009年	平均得点	2012年	平均得点
1	上海	600	上海	613
2	シンガポール	562	シンガポール	573
3	香港	555	香港	561
4	韓国	546	台湾	560
5	台湾	543	韓国	554
6	フィンランド	541	マカオ	538
7	リヒテンシュタイン	536	**日本**	**536**
8	スイス	534	リヒテンシュタイン	535
9	**日本**	**529**	スイス	531
10	カナダ	527	オランダ	523
11	オランダ	526	エストニア	521
12	マカオ	525	フィンランド	519
13	ニュージーランド	519	カナダ	518
14	ベルギー	515	ポーランド	518
15	オーストラリア	514	ベルギー	515
	OECD平均	496	OECD平均	494

出典：文部科学省「OECD生徒の学習到達度調査～2012年調査国際結果の要約～」より
*2003年調査において国際的な実施基準を満たさなかったイギリスは除かれている。

PISA調査における学力国際比較(15位までを表示)

PISA調査における数学的リテラシー平均得点の国際比較(経年変化)

順位	2003年	平均得点	2006年	平均得点
1	香港	550	台湾	549
2	フィンランド	544	フィンランド	548
3	韓国	542	香港	547
4	オランダ	538	韓国	547
5	リヒテンシュタイン	536	オランダ	531
6	**日本**	**534**	スイス	530
7	カナダ	532	カナダ	527
8	ベルギー	529	マカオ	525
9	マカオ	527	リヒテンシュタイン	525
10	スイス	527	**日本**	**523**
11	オーストラリア	524	ニュージーランド	522
12	ニュージーランド	523	ベルギー	520
13	チェコ	516	オーストラリア	520
14	アイスランド	515	エストニア	515
15	デンマーク	514	デンマーク	513
	OECD平均	500	OECD平均	498

順位	2009年	平均得点	2012年	平均得点
1	上海	556	上海	570
2	韓国	539	香港	545
3	フィンランド	536	シンガポール	542
4	香港	533	**日本**	**538**
5	シンガポール	526	韓国	536
6	カナダ	524	フィンランド	524
7	ニュージーランド	521	アイルランド	523
8	**日本**	**520**	台湾	523
9	オーストラリア	515	カナダ	523
10	オランダ	508	ポーランド	518
11	ベルギー	506	エストニア	516
12	ノルウェー	503	リヒテンシュタイン	516
13	エストニア	501	ニュージーランド	512
14	スイス	501	オーストラリア	512
15	ポーランド	500	オランダ	511
	OECD平均	493	OECD平均	496

出典：文部科学省「OECD生徒の学習到達度調査～2012年調査国際結果の要約～」より
＊2003年調査において国際的な実施基準を満たさなかったイギリスは除かれている。
＊読解力においては、アメリカは調査結果の分析から除かれている。

PISA調査における学力国際比較(15位までを表示)

PISA調査における読解力平均得点の国際比較(経年変化)

順位	2003年	平均得点	2006年	平均得点
1	フィンランド	543	韓国	556
2	韓国	534	フィンランド	547
3	カナダ	528	香港	536
4	オーストラリア	525	カナダ	527
5	リヒテンシュタイン	525	ニュージーランド	521
6	ニュージーランド	522	アイルランド	517
7	アイルランド	515	オーストラリア	513
8	スウェーデン	514	リヒテンシュタイン	510
9	オランダ	513	ポーランド	508
10	香港	510	スウェーデン	507
11	ベルギー	507	オランダ	507
12	ノルウェー	500	ベルギー	501
13	スイス	499	エストニア	501
14	**日本**	**498**	スイス	499
15	マカオ	498	**日本**	**498**
	OECD平均	494	OECD平均	492

順位	2009年	平均得点	2012年	平均得点
1	上海	575	上海	580
2	フィンランド	554	香港	555
3	香港	549	シンガポール	551
4	シンガポール	542	**日本**	**547**
5	**日本**	**539**	フィンランド	545
6	韓国	538	エストニア	541
7	ニュージーランド	532	韓国	538
8	カナダ	529	ベトナム	528
9	エストニア	528	ポーランド	526
10	オーストラリア	527	カナダ	525
11	オランダ	522	リヒテンシュタイン	525
12	台湾	520	ドイツ	524
13	ドイツ	520	台湾	523
14	リヒテンシュタイン	520	オランダ	522
15	スイス	517	アイルランド	522
	OECD平均	501	OECD平均	501

出典：文部科学省「OECD生徒の学習到達度調査～2012年調査国際結果の要約～」より
ただし科学的リテラシーの2003年については「OECD生徒の学習到達度調査（PISA）～2006年調査国際結果の要約～」を参照
＊2003年調査において国際的な実施基準を満たさなかったイギリスは除かれている。

PISA調査における学力国際比較(15位までを表示)

PISA調査における科学的リテラシー平均得点の国際比較(経年変化)

順位	2003年	平均得点	2006年	平均得点
1	フィンランド	548	フィンランド	563
2	**日本**	**548**	香港	542
3	香港	539	カナダ	534
4	韓国	538	台湾	532
5	リヒテンシュタイン	525	エストニア	531
6	オーストラリア	525	**日本**	**531**
7	マカオ	525	ニュージーランド	530
8	オランダ	524	オーストラリア	527
9	チェコ	523	オランダ	525
10	ニュージーランド	521	リヒテンシュタイン	522
11	カナダ	519	韓国	522
12	スイス	513	スロベニア	519
13	フランス	511	ドイツ	516
14	ベルギー	509	イギリス	515
15	スウェーデン	506	チェコ	513
	OECD平均	500	OECD平均	500

高校生の勉強に関する調査
学校以外の勉強時間はどのくらいですか（平日）

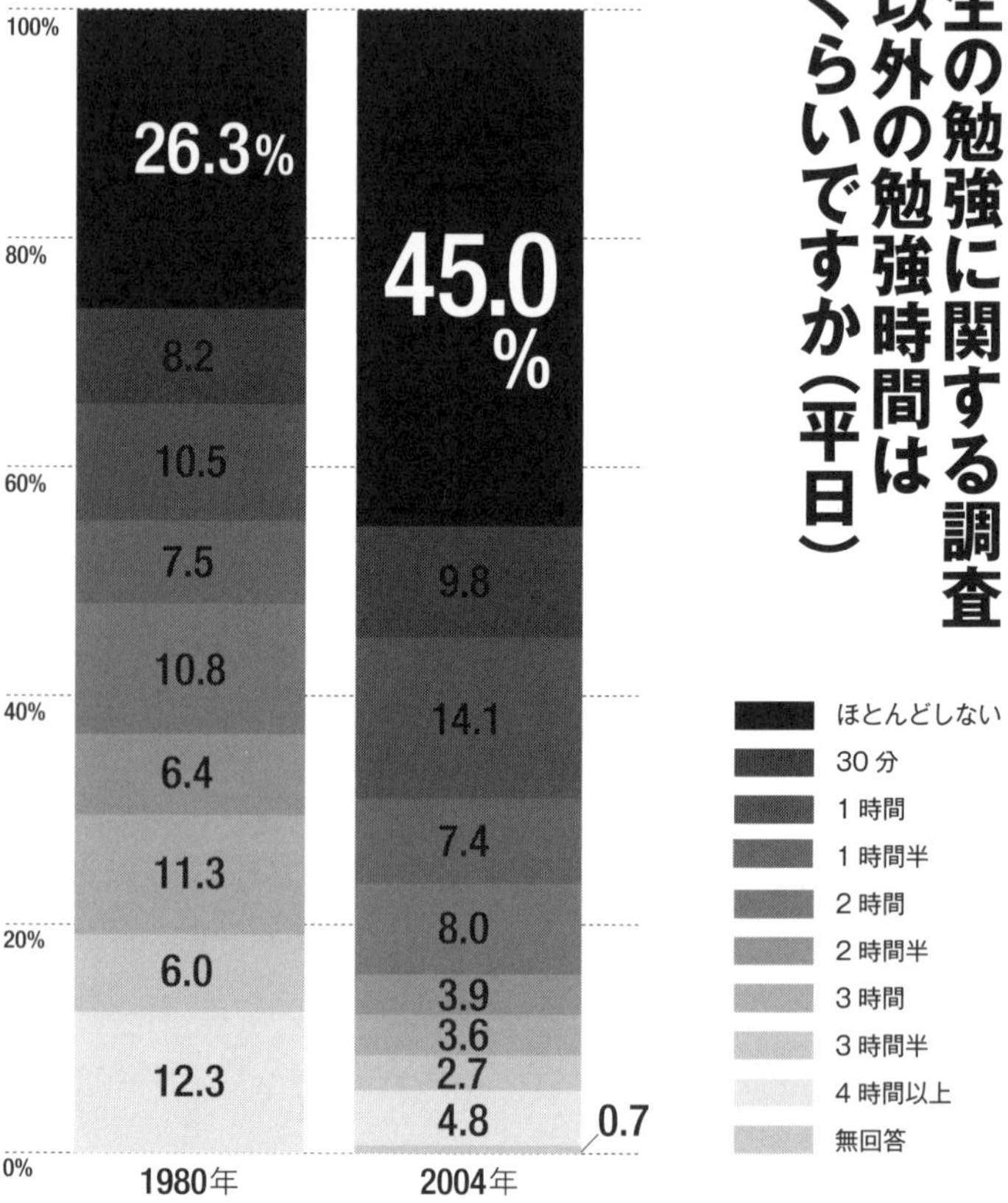

出典：日本青少年研究所「高校生の学習意識と日常生活」調査 2005 年 3 月発表、
「国際比較からみた日本の高校生—80 年代からの変遷」2005 年 10 月発表より

学2年生の数学の得点は低下していることが示されました。

そもそもゆとり教育は、知識ばかりを習得するのではなく、家庭や社会など学校以外のフィールドで自由に学びながら、さまざまな分野に興味や関心を広げ、多様な経験を積みながら知識を応用したり活用したりする生きた力を身につけていく、という目的で行われたはずです。

学ぶ内容や授業時数が削減されても、そういう本来のねらいにかなった学びができるのであれば、子どもたちの将来には有意義だったでしょう。


ところが、高校生を対象にした調査を見ると、1980年には約半数の子どもたちが家で2時間以上勉強していたのに、2004年の調査では23％に半減しました（日本青少年研究所調べ）。

逆に、家でほとんど勉強しない子どもの割合は、45％に達しました。家で勉強する時間が減ったとしても、本を読んだり、塾や予備校で勉強したり、社会体験を積んだりするというのならまだいいでしょう。

しかし、勉強時間が減る一方で大幅に増えたのが、テレビゲーム、携帯電話やスマートフォンでのアプリケーションゲーム、メール、通話などに費やす時間です。

ちなみに高校生の半数以上が毎日、メールをしたり通話をしたりしており、そのうちの4割強が3時間以上をスマートフォンに費やしています。

これでは勉強する時間がなくなり、学習到達度が下がっても不思議ではありません。「知識を応用する力、活用する力を養おう」というゆとり教育のねらいは間違っていないはずでしたが、皮肉にもそのねらいは大きくはずれて、子どもたちを安易な娯楽に走らせただけだったのではないでしょうか。

右往左往する日本の教育行政

PISAやIEAの結果に衝撃を受けた文部科学省は、「日本の学力は低下傾向にある。もはや日本の子どもたちの学力は、世界のトップレベルとはいえない」として、中央教育審議会に学習指導要領の見直しを指示。

それに基づいて2008年に、学習内容や主要教科の授業時間数を増加する方針が出されました。

そして、２０１１年度から新しい学習指導要領による教育が実施され、並行して、学校間や地域間の競争を過熱させるという理由で43年間、中止されていた全国学力テストも２００７年に復活しました。

こうして、「脱ゆとり」へと方向転換がなされました。そして２０１２年に行われたＰＩＳＡでは、科学４位、数学７位、読解力４位、問題解決能力３位と、すばらしい成績を残しました。

ＰＩＳＡの成績が上昇したことについては、脱ゆとり路線にシフトした結果というより、公立の中高一貫校や首都圏の私立中学校などで表現力や情報活用力を養う授業——いわゆる「ＰＩＳＡ型授業」が行われるようになり、むしろＰＩＳＡ対策の効果が上がってきたといったほうが適切のようです。

それはともかくとして、私が今ここで言及したいのは、国の教育行政、文部科学省が考える学習指導要領の方向性などが、この二十数年のあいだに右往左往、迷走してみえることです。

教育のレベルによって国力は決まります。

初等・中等教育は、国の将来にかかわる問題です。

つまり教育は国家にとってもっとも重要な政策課題です。

しかも世界は今、大変革の流れのなかにあります。資源が乏しいわが国は、人材こそが国を支える重要な資源でもあります。

国づくりの基盤となるすぐれた人材を育てていくには、長期的な視野に立って10年計画、20年計画で臨むべきであるにもかかわらず、この迷走ぶりはどうしたことでしょうか。

２００5年10月から２０１5年10月までの10年間に、教育行政のトップである文部科学大臣は12人も変わっています。彼らが教育現場や子どもたちの現状を熟知しているかというと、そうではありません。

教育の変革は重要かつ喫緊の課題ですが、国の対応を待っているだけでなく、私たち国民ひとりひとりが真剣に教育について考え、必要な対策を講じるべきときにきているのではないでしょうか。

師弟関係が教育の場から消えた

私は娘や息子たちの学校に行く機会が少なくありませんでした。また、仕事で各地の学校の様子を視察させていただくことも多いのですが、近年、非常に気になっていることがあります。

先生と生徒のあいだに当然あるべき師弟関係が崩壊しているということです。

私が子どものころは、わからないことや知りたいことを教えてくれるのは、いつも先生や親でした。

先生も親も、「これはどういうこと？」と尋ねればすぐに答えてくれましたし、「これはなに？」と聞くとその場で教えてくれました。

知識も知恵も経験も豊富で、子どもだった私は、「どうしてこんなにいろんなことを知っているのだろう」と、ただただ驚くばかりでした。

そういう先生や親と身近に接しながら、私は素直に「ものを教えてくれるのは偉い人」と感じ、自然に先生や親への尊敬と感謝の念を抱くようになったのです。

しかし、今はどうでしょう。

とくに首都圏の学校では、生徒が騒いで授業にならなかったり、生徒が先生に向かってタメ口をきいたり、馬鹿にしたような態度をとる光景をしばしば目にします。目上の人間に対する礼儀もなければ、ものを教えてくれる人への尊敬も感謝もありません。

私などただただ唖然とするばかりです。

そうなった原因のひとつは、先生の質とやる気の問題にあるのかもしれません。

もちろん、使命感をもってがんばっておられる先生は大勢いますが、なかには「稼業＝先生」とでもいうかのように、十年一日のごとくマニュアルどおりに教えるだけ、そんな先生がいます。

生徒に無関心な先生もいます。

そういう先生たちのやる気のなさを、子どもは敏感に感じ取ります。

そういう先生に尊敬や感謝の気持ちをもてるでしょうか。

一握りでもそういう先生がいたら、ほかの先生がどんなに立派でも、子どもの心のなかの尊敬や感謝の念は薄れていってしまいます。

また、親の側にも一因があるように思います。

情熱をもって、威厳をもって子どもたちを教えようとしている先生に対して過剰に文句をいったり、理不尽な要求をしたりする、いわゆるモンスターペアレントの存在です。

子どもの成長を第一に考えたら、厳しい指導には感謝こそすれ、文句をいうなんてお門違いでしょう。

自己中心的な親に対して先生は委縮しますし、子どもも親を真似て先生に文句をつけたり、先生を馬鹿にするようになるのです。

かろうじて今も師弟関係が成立しているのは、スポーツの世界でしょうか。

高校野球や高校サッカーの中継を見ていると、選手がインタビューのなかで監督や親への感謝を口にする光景を目にすることがあります。

「ここまでがんばってこられたのは監督のおかげです」「親がずっと支えてくれました。感謝しています」

勝敗や技術よりも、このように人として大事な心が育っているのを見ると、私は感動するのです。

スポーツの現場では、親も、子どもが強くなるために厳しく鍛えてほしいと望み、それに応えて監督やコーチや先生は骨身を惜しまずに指導してくれます。

お互いに「成長したい」「成長させたい」という一致した気持ちがあり、どちらもひたむきにそれに取り組んでいます。だからこそ確かな師弟関係ができあがり、子どもたちの心には、教え導いてくれる人への尊敬や感謝が育まれていくのでしょう。

師弟関係、そして尊敬と感謝の念、これがなければ教育は絶対に成立しません。

今の教育現場ではそれらが消えかけています。そういうところで子どもを健全に育てていくのは容易ではありません。

だからこそ親は、いま一度「子どもに必要な教育とは何か」を考え、良い教育環境を与える努力や工夫をしなければならないのです。

母から授かった財産

今の私があるのはひとえに、教育熱心だった母のおかげだと思っています。

わが家は母ひとり子ひとり。生活は決して裕福ではありませんでしたが、母は1円たりとも教育費を惜しむことなく、そろばんや書道などの習い事をさせてくれ、私が「塾に行きたい」といえば喜んで月謝を出してくれました。

家で勉強を見てくれたのも母でした。

私は毎晩、母が仕事から帰ってくると、母の見ているところで宿題と予習をやり、わからないところはわかるまで徹底的にやらされました。

母にしてみれば1日中働いたあとで疲れていたはずなのに、嫌な顔ひとつせず、根気よく私の勉強につきあってくれたのです。

また母は礼儀にとても厳しく、「勉強するときは正しい姿勢でやるものです」というのが口癖で、習字をするときはもちろん、宿題をやるときも、そろばんをやるときも正座。少しでも足を崩すと、たちまち裁縫用の物差しでピシッとやられたものでした。

そういう環境で育ったおかげで私は、学ぶことの大切さ、ものを教えてくれる人や自分を育ててくれる人への尊敬や感謝の気持ちを、自然と身につけていくことができたのだと思います。

教科書に書かれている知識を教えることだけが教育ではありません。

豊かな心や人間性を養い、倫理観や道徳や礼儀を身につけさせ、「一人前の人間」に育て上げることが教育の重要な目的です。

戦後、日本の教育には哲学がなくなった、と私は常々感じてきました。

武士道が脈々と生きていた、かつての日本では、それが哲学となってすぐれた人材が育てられ、彼らが国を引っ張っていました。

しかしそうした哲学は教育の現場から消えてしまい、一方では、知識を覚えさせればいいという風潮が強くなりました。

それが、教育がダメになった一因でしょう。

私はすべてにおいて厳しかった母から、「武士道」ならぬ「吉田道」ともいうべき道徳、倫理、常識、礼儀、礼節を叩き込まれました。

これは母が授けてくれたかけがえのない財産です。

私たちおとなには、人間にとって大事な心を、子どもたちに教えていく義務があります。

ある学習ソフトとの出会い

私は大学を卒業後、某大手自動車販売会社に入社し、8年間、営業をしていました。

もともと大のクルマ好きで、大学時代にはホテルの宴会場のアルバイトで月数十万円稼ぎ、当時人気のクルマを新車で買ったりしていたほどで、営業マンになってからも全社規模の営業コンテストでは毎回、成績優秀で表彰されていました。

その後、30歳で通信機器の販売会社を起業し、数年後にＩＴ関係の会社を設立。

その会社はずっと業績好調で、株式上場の一歩手前までいっていました。

しかし私自身は、どことなく物足りなさを感じていて、もっと打ち込めるものはないか、一生をかけられる仕事はないか、と切実に求めていました。

そうしたときに、ある学習ソフトを販売するチャンスに巡り合ったのです。

株式上場という成功や名誉、それによって手に入るはずの金や名声、将来の安定などを手放すことには何の躊躇もありませんでした。

それよりも、このソフトなら子どもたちの勉強にきっと役立つ、ひとりでも多くの子どもたちに良い教材を提供して学ぶ機会を与えたい、という熱い思いに突き動かされたのです。


そして2000年に立ち上げた会社が、「イー・ラーニング研究所」です。

その学習ソフトはもともとオフライン用につくられたものだったのですが、私はすぐにオンライン用のeラーニングにつくり変えて、インターネットで配信しようと考えていました。

というのも、アメリカでは1990年代からインターネットを使ったeラーニングが浸透しており、日本でも数年のうちにITインフラが充実してインターネットの利用率が上がり、eラーニングが普及するに違いないと予想していたからです。

ですから社名はeラーニングを意識して、「イー・ラーニング研究所」としたのです。

無料のオンライン学習にこだわった理由

当社がその学習コンテンツの本格的なオンライン配信をスタートしたのは、2006年からです。

当時eラーニングには、教育、通信、印刷関連等の大手企業が取り組んでいましたが、成功例は皆無といっていいほどでした。

なぜなら、そのころ学校以外の学習といえば、塾、予備校、家庭教師が一般的で、子どもをパソコンの前に座らせて勉強させようと考える人は、ほとんどいなかったからです。

私たちのコンテンツもなかなか認知してもらえず、利用率は期待したほどには伸びませんでした。

それでも私は徹底してオンライン学習のeラーニングにこだわりつづけました。e

ラーニングこそ、21世紀に必要な教育方法だと信じて疑わなかったからです。

会社を立ち上げてから仕事で全国を回るようになってみると、冬に雪に閉ざされてしまう地域や、本土との定期便が日に数本しかない離島など、地域的に不利な場所が意外に多く、そこでは子どもを塾や予備校に行かせたくても叶わないということを痛感しました。

「親がいくら教育熱心でも、子どもがいくら勉強好きでも、このあたりには良い教育環境がない」という親御さんたちのあきらめにも似た声を、あちらこちらで耳にしました。

しかしeラーニングなら、雪深いところだろうが、離島だろうが、山奥だろうが、インターネットにつながりさえすれば、いつでも勉強することができます。

つまり、教育環境の地域格差をなくしていくことができるのです。

また、前にも書いたように、経済格差が広がるなかで、所得の低い家庭では塾や予備校など補助学習費を削らざるを得なくなっています。

高校や大学に進学したものの、家庭が困窮して中退する若者も少なくありません。

オンラインによる無料の学習コンテンツは、そうした経済的理由から学ぶ機会を失った子どもや若者たちに、もう一度、学ぶ機会を取り戻してあげることができます。

つまり、教育環境の経済格差も改善できるのです。

内閣府「社会意識に関する世論調査」によると、半数近くが「教育費がかかる」ことを辛さに挙げています。子育てや教育にお金がかかるから産む子どもの数を減らしているといいますが、無料のeラーニングは家計にかかる教育費の負担を軽減し、少子化対策の一助も期待されています。

いじめが原因で不登校になった子どものお母さんからは、「勉強熱心な子なのに、学校に行けなくなってしまった」という話も聞きましたが、そうした子どもにも学びの機会を提供することができます。

インターネットが利用できる環境と端末があれば、だれでも、いつでも、どこでも学ぶことができるeラーニングは、教育の機会均等を実現する革新的な教育方法なのです。

これが、私がeラーニングにこだわりつづけた理由です。

教育は、人間にとって大きな財産です。

人間は潜在能力の3～5％しか使っていないという説がありますが、教育は私たちのなかに眠っている能力を引き出し、伸ばし、豊かな未来を開いてくれます。

私たちはおとなとして、また親として、子どもたちに良い教育を授け、自立して生

子育ての辛さの内容

平成20年2月調査（N=5,494人、M.T.=182.9%）
平成19年1月調査（N=5,585人、M.T.=176.5%）

Nは質問に対する回答者数
M.T.（Multiple Total）は回答数の合計を回答者数（N）で割った比率

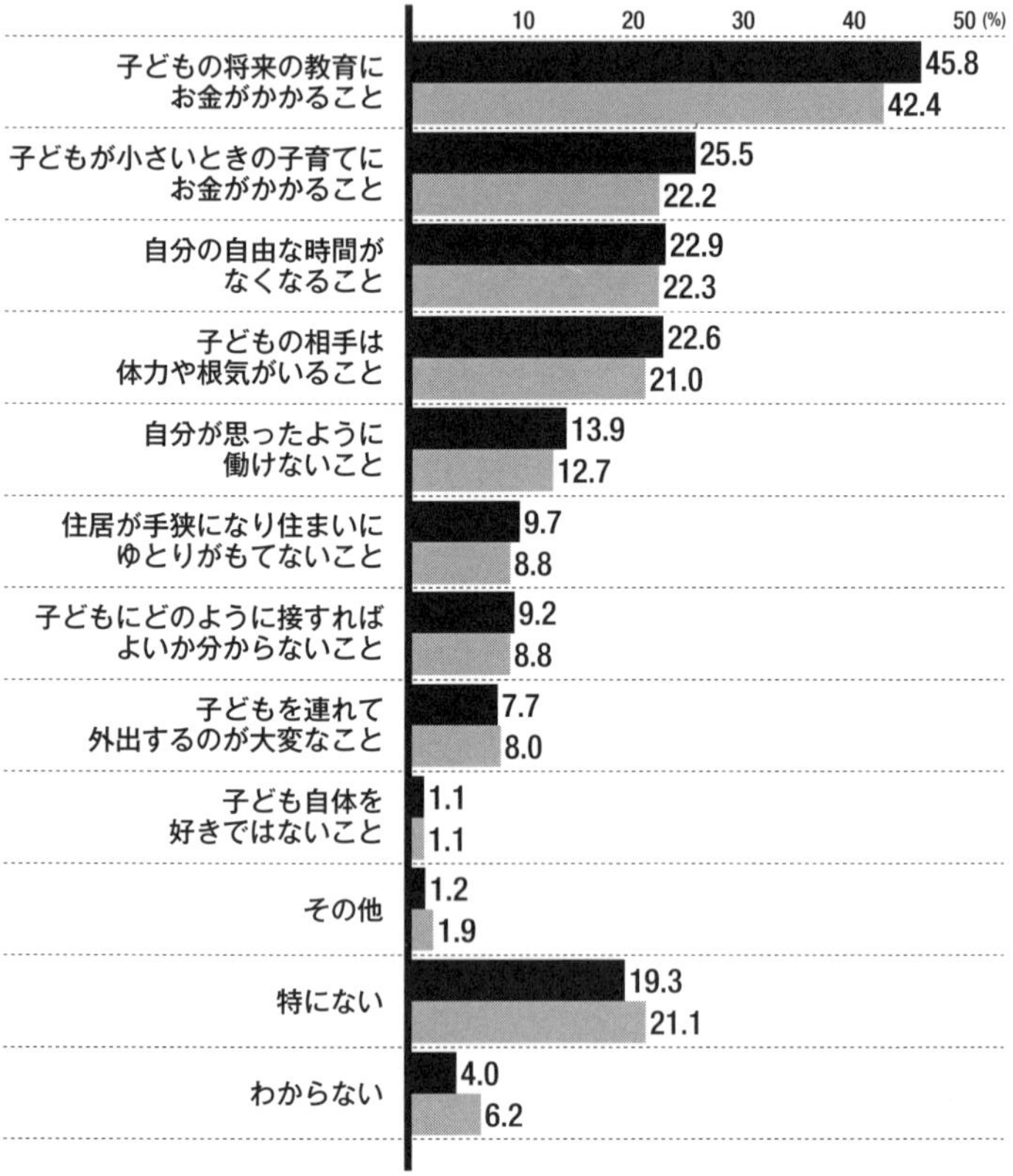

出典：内閣府「平成19、20年社会意識に関する世論調査」より

きていける素地をつくってあげなければいけません。

それを実現するのは無料のｅラーニングである――私はそう信じてやってきました。

勉強は何のためにするのか

サッカーの日本代表、長友佑都選手は、小学校の卒業文集に、「10年後は、セリエAに入る」と書いていたと語っています。

「サッカーはへたくそ、スタミナもスピードもなかった」けれど、能力は眠っているもの。絶対いいところがあるからそこを伸ばす。トレーニングに励み、「日々の積み重ねでやっていくしかない」と。

大リーグのイチロー選手もやはり小学校の卒業文集に、「ぼくの夢は一流のプロ野球選手になることです」と書いていました。

そしてその夢を実現するにはどうすればいいかを、子どものころから綿密に考えていました。

「そのためには中学・高校で全国大会に出て、活躍しなければなりません。活躍するには、練習が必要です。ぼくは3歳のときから練習をはじめています。3年生の時から今までは、365日中、360日は激しい練習をやっています。

だから、1週間中、友達と遊べる時間は5~6時間のあいだです」

イチロー選手は野球だけでなく学業も優秀で、中学3年の成績は音楽以外すべて「5」。

とくに3年生の3学期は、学年でトップクラスだったといいます。

志望校の愛知工業大学名電高等学校に入るために猛勉強をしたからです。

いいえ、高校受験という目先の目標のためではなく、プロ野球選手になるために、それも「一流の選手」になるという夢を叶えるために努力したのです。

今、夢をもてない子どもたちが増えているといいます。

大阪市内の小学5年生と中学2年生を対象に行った調査では、小学5年生の約2割、中学2年生の約4割が「夢がない」と答えています。

夢がもてなければ将来の展望など描くことができませんし、将来が見えなければ、今やっていること、今やらなければならないことにも、意味や意義を見出すことはできません。

「何のために勉強しなければいけないの？」

「何のために学ぶの？」

そう子どもに尋ねられたら、どう答えますか。

笑い話のようですが、「念のためや」と答えた親御さんがいるそうです。

「念のため」は、子どものモチベーションにはなりません。

私ならこう答えるでしょう。

「夢のためだよ」

〝将来なりたい自分〟になるために、今勉強するんだ。

小・中学校の勉強は、夢を叶える基礎力になるんだ。

だから「勉強は大事なんだよ」と。

志望校に合格したとたん、やる気を失ったり、遊びほうけてしまう子どもがいますが、そういう子どもは「志望校に合格する」という目標はあっても、夢を描けていないのだと思います。

将来の夢はあるか

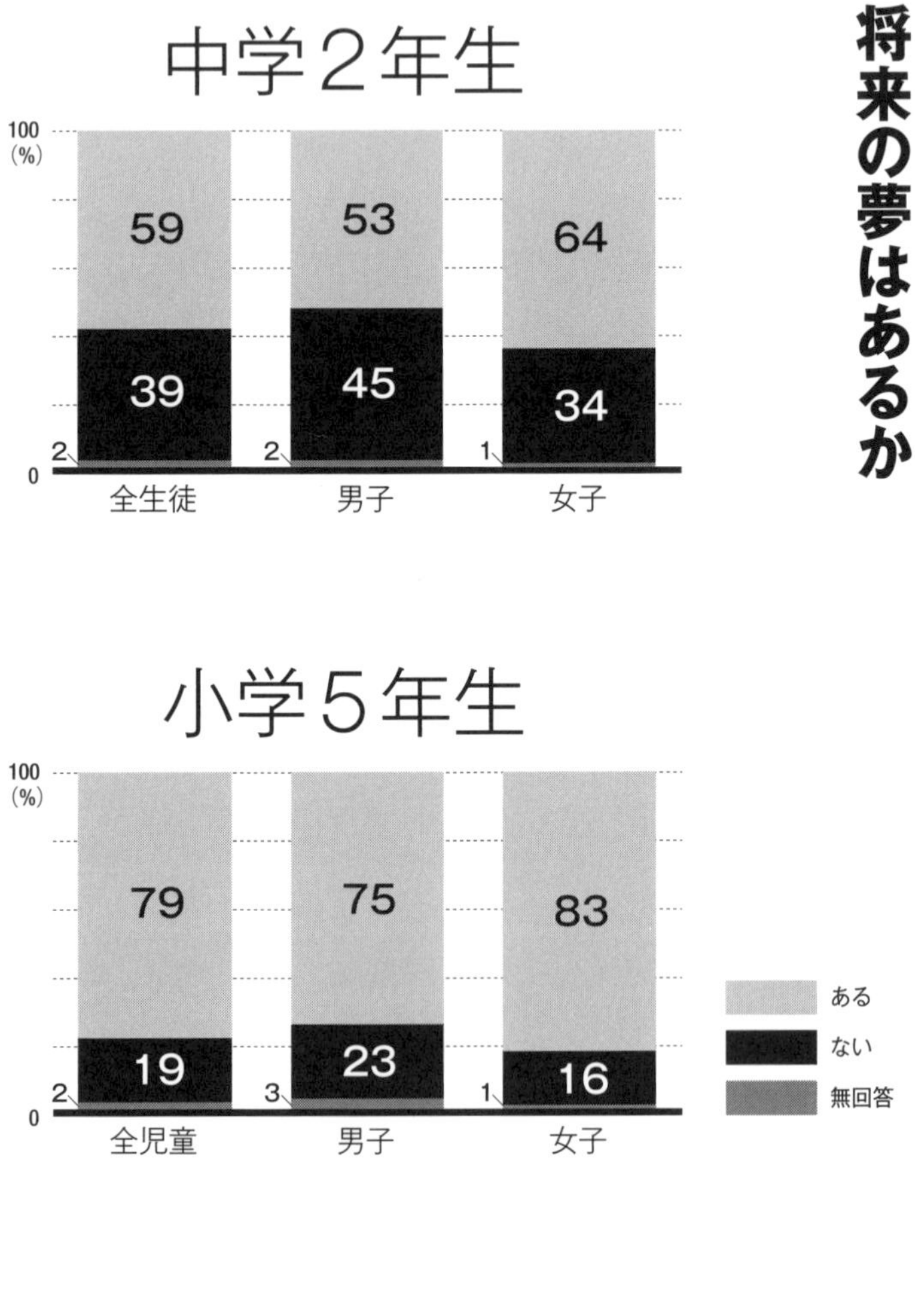

中学2年生
100 (%)
0
59
53
64
39
45
34
2
2
1
全生徒
男子
女子
小学5年生
100 (%)
0
79
75
83
19
23
16
2
3
1
全児童
男子
女子
ある
ない
無回答

将来の夢がない理由

中学２年生(%)

	全生徒	男子	女子
もうすべてに満足しているから	2	1	2
夢がかなうのが難しいと思うから	13	12	14
具体的に何も思い浮かばないから	70	72	68
わからない	15	14	15
無回答	0.8	0.8	0.8

小学５年生(%)

	全児童	男子	女子
もうすべてに満足しているから	4	5	4
夢がかなうのが難しいと思うから	14	15	14
具体的に何も思い浮かばないから	60	62	59
わからない	20	18	22
無回答	0.8	0.3	1.2

出典：同志社大学社会福祉教育・研究支援センター「大阪子ども調査」より
調査対象：大阪市内の公立小学校 51 校の小学５年生、公立中学校 31 校の中学２年生およびその保護者
大阪市教育委員会事務局が各区より１～２校、児童数・生徒数を考慮して抽出
調査実施期間：2012年 10 月 25 日～11 月 20 日
調査結果掲載：2014年８月４日

目先の目標だけでは、そのときまでしかモチベーションが続きません。

もっと先、10年後、15年後の夢があれば、「よし、夢の実現に一歩近づいた」と思ってますますやる気が出て、志望校に入ったあともさらにがんばるはずです。

モチベーションの持続、積み重ねで、人生は豊かになり、輝いていくのです。

今の学校は、そういう生きていくうえで大事なことを教えてくれません。

それでいて、単語や公式をただ「覚えろ覚えろ」といわれて、子どもたちが勉強を楽しいと思えるわけがありません。


本来、何かを学ぶことは、楽しくてワクワクすることのはずです。

なぜなら、何かを学んでひとつ賢くなったら、その分夢に近づけたということだからです。単語をひとつ覚えたらその単語ひとつ分、計算がひとつ解けたらその計算ひとつ分、夢に近づくのです。そのことに気づいたら、単語を覚えたり計算をしたりすることさえ、昨日とはまったく違って楽しいことに思えてくるはずです。

私は子どもたちに、学ぶことの本当の意味、本当の楽しさを知ってほしいと思っています。

そしてそのためにも、楽しく学ぶ機会と場を提供していきたいのです。

第3章 日本の教育が大きく変わる

子ども用に開発されたウェアラブルガジェット。高機能でも、子どもたちは軽々と使いこなす

2020年、大学入試が大きく変わる

2020年、日本の教育が大きく変わります。

大学入試センター試験が廃止されるのです（正式名称は大学入学者選抜大学入試センター試験。以下「センター試験」と略）。

センター試験は日本の大学に入学するための共通試験として1990年にスタートしました。

一定の学力が身についているかどうかを測ることを目的に、高校の学習指導要領に沿った問題が出題され、解答は、全教科・全科目で選択肢のなかから正解を選ぶマークシート方式です。記述式の設問はありません。

30年続いたこのセンター試験が2020年に廃止され、翌年からは、「大学入学希望者学力評価テスト（仮称）」（以下「学力評価テスト」と略）に切り替えられます。

大学入学者選抜改革の全体像（イメージ）（案）

※「高等学校基礎学力テスト（仮称）」は、入学者選抜への活用を本来の目的とするものではなく、進学時への活用は、調査書にその結果を記入するなど、あくまで高校の学習成果を把握するための参考資料の一部として用いることに留意。

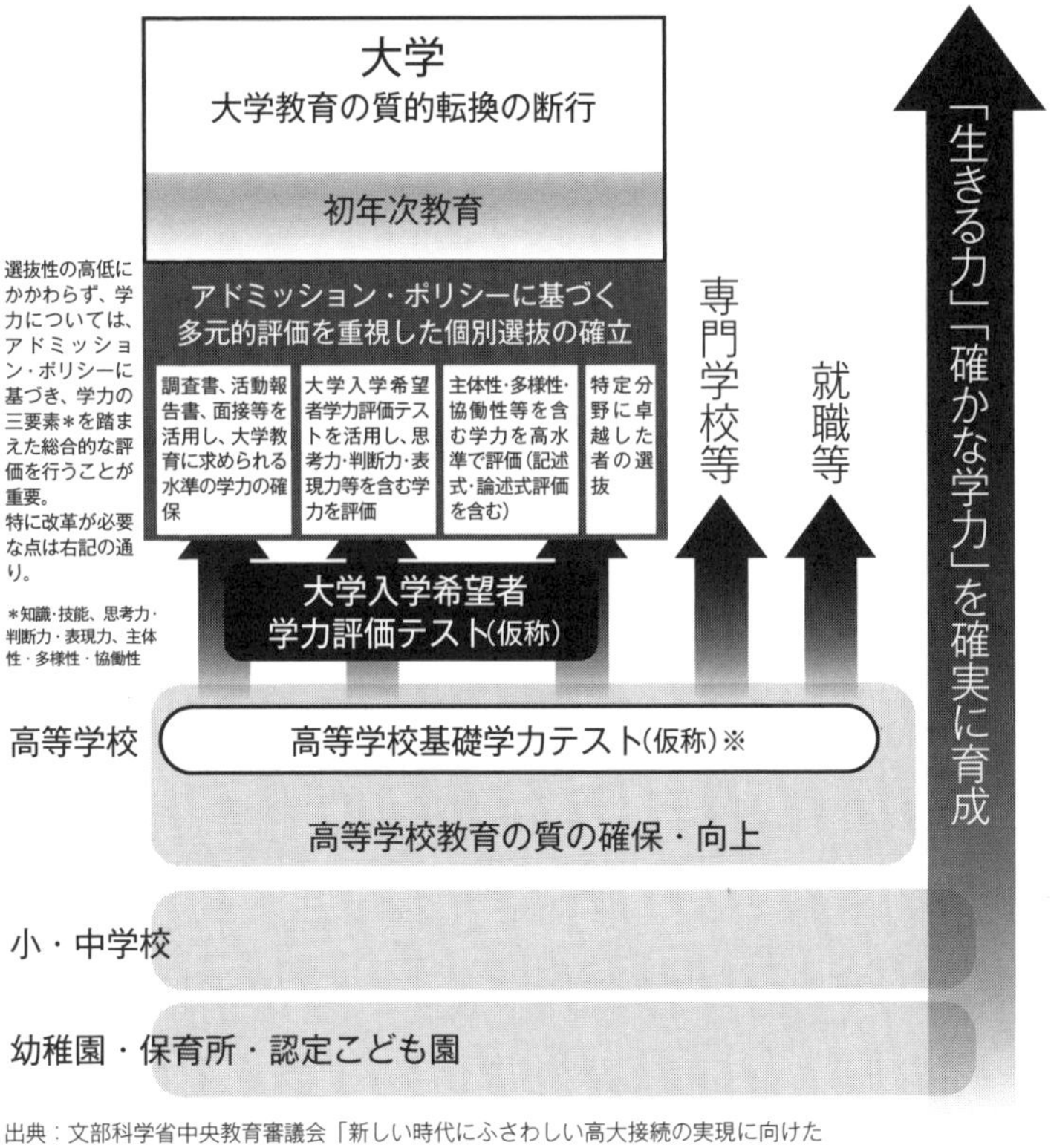

出典：文部科学省中央教育審議会「新しい時代にふさわしい高大接続の実現に向けた高等学校教育、大学教育、大学入学者選抜の一体的改革について」（2014年）より

学力評価テストは、大学志願者の学力を測るという目的はこれまでと変わりませんが、評価基準が大きく変わります。

従来の試験は、用語や公式、解き方など知識をどれだけ覚えたかが評価基準で、覚えた知識の数が多い順番に成績がつけられて、合格判定が出されていました。

それに対して、新しく始まる学力評価テストで試されるのは、身につけた知識や技術をどれだけ利用・応用することができるか、どれだけ柔軟かつ的確に判断することができるか、自分の考えを説得力ある表現で他者に伝えられるかどうか。つまり、思考力、判断力、表現力、さらには主体性までもが問われることになります。

そして学力評価テストのあとには、現行の2次試験にあたる大学ごとの個別選抜試験を受験することになりますが、その個別選抜においても、「小論文」「面接」「集団討論」「プレゼンテーション」「調査書」「活動報告書」「資格・検定試験」等の成績、各種大会等での活動や顕彰の記録などが活用されるようになります。

センター試験に代わる新しい形の大学入試には、2015年度に中学1年生である子どもたちから対象になるわけです。

学力評価テストでは、設問のしかたや試験方法が大きく変わります。

英語や歴史や数学といった教科の枠組みが取り払われて、総合的、横断的な問題が中心になってくることが想定されています。

たとえば、化学の設問が英語で書かれていて、英語で解答する。

ワインがテーマの設問で、歴史的なできごとや発酵の化学式などについて答える。

時事問題について書かれた資料を読みながら、内容を図表化したり、その事件についての自分の見解を述べるといった内容が増え、全体的に記述式の問題が多くなってくると考えられます。

文部科学省は今回の教育改革をいっそう推進していくために、大学側にも先進的な取り組みを求めています。

ある大学では、「幸福は分かちあえるだろうか」「貧富の差は解消できるか」といった大きなテーマを与え、図書館の資料を自由に使ってレポートを書かせるという試験を検討しています。

できあがったレポートは審査員が講評。

受験生はその講評を踏まえて、図書館であらためて調査をし、レポートを書き直します。

その後、受験生数人がグループになり、レポートをもとにディスカッションを行う

――新しい入学試験はこのような形になっていくかもしれません。

こうした試験で問われるのは、覚えた知識の量ではありません。

知識や情報や経験を利用する「情報編集力」、他者と協力したり意思の疎通を図ったり議論したりするために必要な「コミュニケーション力」、複数の人たちを統率したりリードしたりする「リーダーシップ能力」などがどの程度養われているか、それが試されることになるのです。

今までやってきた勉強が知識や情報を「覚える勉強」だとしたら、これからは、知識や情報を「生かす勉強」、知識や情報をもとに深く「考える勉強」をしていかなければいけません。

アクティブ・ラーニングが始まる

知識ばかりを覚えても役に立たない。

今求められているのは、知識の量よりも、知識を応用する力である。

国はそうした認識を背景に大がかりな大学入試改革に乗り出したわけですが、「うちの子は大学の付属校に通っているから」とか、「うちの子は大学に行くつもりはないから」という親にとっても、入試改革は他人ごとではありません。

大学入試の方法が変わることにより、大学における教育も変わり、それに伴って小・中学校、高校での教育のあり方、カリキュラム、指導方法なども大きく変わっていくからです。

では、どう変わっていくのか。

「アクティブ・ラーニング」という新しい学びの形が導入されるようになります。

ＮＨＫで放映された「白熱教室」という番組を見たことがある方も多いのではないでしょうか。

ハーバード大学のマイケル・サンデル教授が、学生に次々と質問を投げかけ、学生と対話したり、また、学生同士に討論させたりしながら授業を進行させていくものです。

その授業風景は非常に活発で、みなが能動的に参加しており、画面のこちら側で見ているほうもワクワクします。

あの指導方法がまさに、アクティブ・ラーニングです。

アクティブ・ラーニングにおいては、先生は生徒たちに正解や知識を教えたりはしません。

ファシリテーター、つまり進行役となって、「きみはどう思う?」「きみならどうする?」と生徒の考えや意見を引き出したり、「こういう場合はどうなると思う?」とヒントを出したり、「次はこういう場合について考えてみよう」と方向性を示したりします。

それを足掛かりに、生徒たちは自分の頭で考え、自分なりの意見をまとめ、その意見を自分なりの言葉で述べていきます。

その間、先生と生徒のあいだでやりとりがあったり、生徒同士での意見交換があったり、互いに刺激し合いながら、または協力しながら、授業が進んでいきます。

アクティブ・ラーニングの主役は、先生ではありません。

子ども自身です。

先生が前に立って正解や公式や解き方を一方的に教え、子どもたちは黙って先生の話を聞くという、これまでのような授業風景は、今後、大きく様変わりしていくでしょう。

自分の頭で考えるとワクワクする

学校時代に受けた日本史の授業を思い出してみてください。

遣唐使とは何か、朝鮮出兵はいつか、徳川慶喜はどんなことをした人物か。

できごと、年号、用語などを教わって、「はい、次の試験に出ますから覚えてください」「受験に必要だから覚えておきましょう」といった調子ではありませんでしたか。

ちなみに現在、代表的な日本史の教科書に載っている用語は約３４００。

50年ほど前は２０００語足らずでした。

大学入試で教科書に載っていない用語が出題されると次の教科書改訂で追加されるという繰り返しで増えつづけ、３４００になってしまったのですが、テストでいい成績をとったり志望校に合格するには、それらを覚えておくべきだといわれてきたわけです。

そんな暗記ばかりの授業がおもしろかったでしょうか。

それでは、「もしあなたが豊臣秀吉だったら、朝鮮出兵を行いますか」とか「もしあなたが徳川慶喜で、『江戸城を明け渡せ』といわれたらどうしますか」といった問いを考える授業ならどうでしょう。

自分が秀吉になったつもりで、朝鮮に派兵する意味、メリットやリスクをあれこれ考えてみる。

慶喜になったつもりで、為政者としてどういう決断をすべきなのか考えてみる。

想像力がふくらんで楽しいはずです。そうやって想像したり考えを深めていったこと、調べてわかったことを、レポートにしたり発表したり、あるいは話し合ってみる。

そのようにして、あるテーマに対して能動的に取り組んでいく、能動的にかかわりながら学んでいくのがアクティブ・ラーニングです。

数学で「ピタゴラスの定理（三平方の定理）」というのがあります。

覚えていますか。

直角三角形の、「底辺の2乗＋高さの2乗＝斜辺の2乗」という公式ですが、いったいこういう公式を覚えて何の役に立つのだろうと思った人も多いかもしれません。

ピタゴラスの定理を使うと、任意の2点間の距離を測ることができるのです。だから特別な測定機器を使わずに、高いビルの高さや広い川幅などを求めることができます。むかしの船員は、ピタゴラスの定理を使って海上から陸地までの距離を測ったりしていたのです。

教室で公式を説明して問題を解かせるだけの授業では、子どもたちの興味もまったくわかないでしょうが、課外授業に連れて出して、ビルの高さをだれが正確に測れるかを競わせたりしたら、きっと子どもたちの目は輝くでしょうし、そのように体験を通して得た知識は、記憶にしっかりと刻まれるでしょう。

また、知識は生活の場で生かすということもわかってくるはずです。能動的に学ぶと、深い学びが可能になるのです。

ただ聞くだけの授業では脳が眠っている

アクティブ・ラーニングは、具体的にはレポート、ディスカッション、ディベート、プレゼンテーション、演習や実験などで構成されています。

先生の説明を聞くことが知識の「インプット」とすれば、レポートを書いたり他者とディスカッションしたり、前述したように数学の公式を使ってビルの高さを測ってみるといったような学習は「アウトプット」です。

本来、学びにはインプットとアウトプットの2つの側面が不可欠です。

日本の教育現場では、先生が一方的に知識や正解を教え、子どもたちは座って静かに聞いているというのが一般的な光景ですが、それではインプットしか行われていないことになります。

学習効果を上げるには、両者のバランスがとれていることが重要で、どちらかに著しく偏ってしまうと効果はほとんど期待できません。

先生の話を一方的に聞いているときの子どもたちの脳がどのようになっているか、ご存じですか。

じつは、ほとんど働いていないのです。

眠っているときの脳とほぼ同じ状態です。

これはアメリカのハーバード大学のエリック・マズール教授（物理学）が、同大学の学生に先生の講義を聞かせて、そのときの脳波を測定した実験からわかったことです。

耳で話を聞いただけでは、内容も5％ほどしか記憶できません。

一説には、13文字、17音以上の話は一度聞いただけではまったく記憶として定着しないとか。

さて、そこでマズール教授は講義のやり方を変え、学生たちにどんどん質問を投げかけたり、学生同士が活発に議論したりするように促してみました。

そうです、「白熱教室」のサンデル教授のような進め方です。

すると脳の働きが非常に活性化しはじめて、その結果、学生たちの学習理解度も増したのです。

似たような例は他大学からも報告されています。

たとえばマサチューセッツ工科大学では、教養物理の授業でディスカッションを取り入れたところ、学生たちの成績が全般的に向上しました。

また、スタンフォード大学のメディカルスクールでは、２０１２年から、座って聞くだけの講義方法を廃止。大学院生と合同クラスにしてみなで一緒に問題を解いていくという授業形式に変えてからは、ノーベル賞受賞者の教授のクラスの学生の平均点が以前の41点から71点に、なんと30点も上昇したのです。

受動的に聞いているだけの授業と、アクティブ・ラーニングで能動的に取り組む授業、その違いはこのようにはっきりとあらわれてきます。

能動的に学ぶと成績が上がる

学習に向かう姿勢が能動的になると教科の成績も上がるという結果は、日本でも示されています。

小・中学校や高校で「総合的な学習の時間」（以下、「総合学習」と略）という授業が行われているのは、ご存じでしょう。

総合学習が始まったのは2000年代に入ってからですが、「自ら学び、自ら考える能力を養い、問題の解決や探求活動に、主体的・創造的に取り組む態度を身につけるために」、そして「各教科の知識や技能を相互に関連づけて、学習や生活に生かし、それらを総合的に活用できる力を養うために」、として始まった目玉授業です。

学ぶ分野は「国際理解」「情報」「環境」「福祉・健康」など。

学習の具体的な内容は、地域、学校、子どもたちの興味や関心などに応じて、現場で自由に決めることができ、たとえば、地元の観光地に観光客を呼ぶためにはどうすればいいかを子どもたちが考えて実践したり、故郷に古くから伝わる伝統芸能を演じたり、絶滅危惧種の植物の栽培に取り組んだり……。

といった具合にさまざまな取り組みがなされているわけですが、自主的に調べたり、考えたり、表現したりという意味では「能動的な学び方」です。

総合学習についてはいまだ賛否両論があり、学校間で取り組みにかなりの温度差があるのが現実ですが、２０１４年に行われた全国学力テストからは、興味深い結果がみえてきました。

総合学習に意欲的に取り組んだ学校ほど、各教科の学力が高く、また、学級やグループで話し合ったり、調べたことを文章に書いたり、資料を使って発表を行ったりする活動に積極的に取り組んでいる学校も、各教科の正答率が高いことが明らかになったのです。

これは、先のアメリカの実例とも通じる、能動的な学びの有効性を示した結果といえるわけです。

学校における指導等と学力等との関係

次の指導等を行った小学校・中学校ほど、教科の平均正答率が高い傾向が見られる。さらに、これら指導等のほとんどで、学習意欲等や家庭での学習時間等との関係も見られる。

指導方法・学習規律

・学習規律（私語をしない、話をしている人の方を向いて聞くなど）の維持徹底
・学習方法(適切にノートをとる、テストの間違いを振り返って学習するなど) に関する指導
・学級全員で取り組んだり挑戦したりする課題やテーマを与える
・本やインターネットなどを使った資料の調べ方が身に付くよう指導

国語科, 算数・数学科の指導方法

・発展的な学習の指導
・国語の指導として、目的や相手に応じて話したり聞いたりする授業、書く習慣を付ける授業、様々な文章を読む習慣を付ける授業
・算数・数学の指導として、実生活における事象との関連を図った授業

言語活動

・各教科等の指導のねらいを明確にした上で、言語活動を適切に位置付ける
・様々な考えを引き出したり、思考を深めたりするような発問や指導
・発言や活動の時間を確保した授業
・学級やグループで話し合う活動
・資料を使って発表ができるよう指導
・自分で調べたことや考えたことを分かりやすく文章に書かせる指導

総合的な学習の時間

・総合的な学習の時間における探究活動
(課題の設定からまとめ・表現に至る探究の過程を意識した指導)

家庭学習

・調べたり文章を書いたりする宿題を与える

出典：国立教育政策研究所「平成26年度全国学力・学習状況調査の結果」より抜粋

学校の指導状況と学校の平均正答率との関係

各教科等の指導のねらいを明確にした上で、
言語活動を適切に位置付けましたか

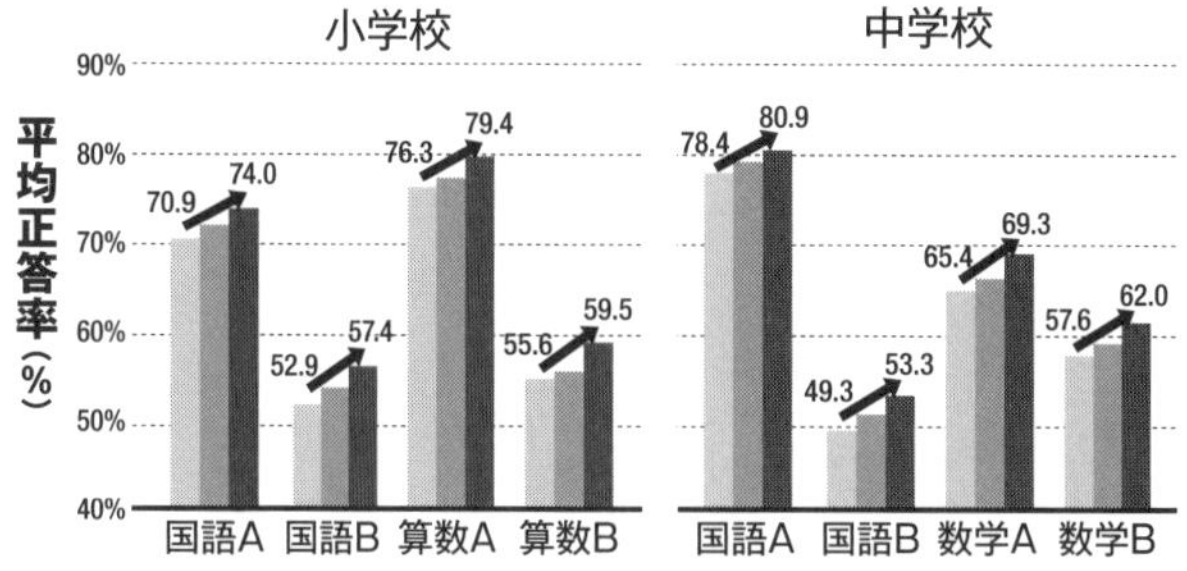

総合的な学習の時間において、
課題の設定からまとめ・表現に至る
探求の過程を意識した指導をしましたか

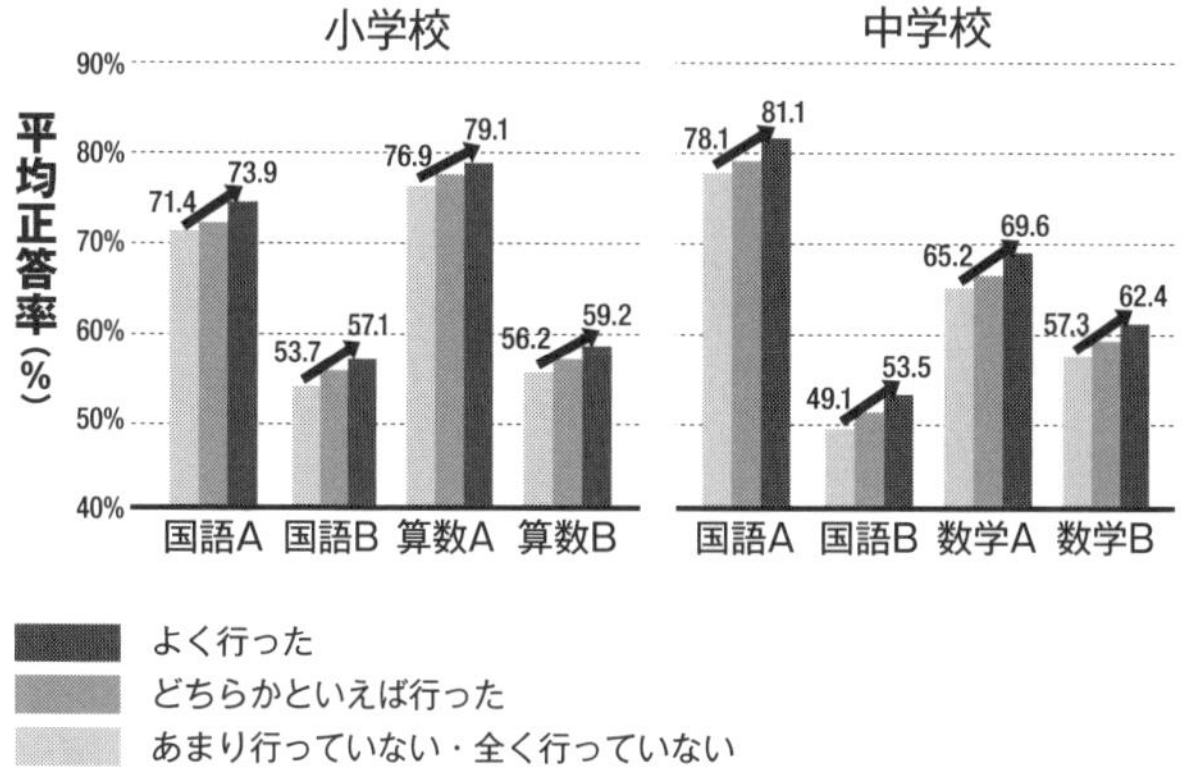

能動的になると学びの意欲も向上する

「うちの子どもは勉強ぎらいで……」とおっしゃる親御さんは少なくありません。

しかし本当にそうでしょうか。

子どもの「なぜ」「どうして」という質問攻撃にさらされた経験がない親御さんはいないはず。本来、子どもはとても知りたがりで、未知のものに強い興味をもち、探究心が旺盛です。

ゲームやパソコン、携帯電話やスマートフォンなどを、子どもがはじめて手にしたときのことを思い出してみてください。

躊躇なくさわり始めますし、おとなのように説明書など読みません。自由にさわりながら、あっという間に使い方や遊び方を身につけてしまいます。

そのスピードはおとな顔負けです。

親がロックするためにかけたパスワードを、黙々と、しかも嬉々として解こうとしている様子を見たこともあります。

おもしろいと感じると、ものすごい集中力を発揮するのも子どもの特性です。

当社では、eラーニングの学習コンテンツを体験してもらうためのイベントをしばしば開催してきましたが、パソコンの前に何時間も座って、黙々と取り組んでいる子どもが大勢いました。

何をやっているかというと、算数のドリルや国語のドリルなのです。

勉強のさせかたをほんの少し変えるだけで、今まで手もつけなかったものにがぜん興味をもち、勉強にさえ嬉々として取り組むようになる様子をたくさん見てきました。

本来、好奇心や探求心にあふれた子どもが、ひとたび学校の教室に入ると集中力を失い、授業がちっとも耳に入らなくなったりするわけですが、それは不思議でもなんでもありません。

従来の学校の授業は、先生が正解や公式や解き方を教えるだけ。

子どもは聞かされるだけの完全な受け身。

好奇心も興味も封じ込まれて、ただ静かに聞いていなさい、大事なことだけ覚えなさい、などといわれて何がおもしろいでしょうか。能動的に学ぶと学力や正答率だけでなく、学習意欲も高まってくることは、総合学習について調査したデータからも見て取ることができます。

そのデータによれば、「総合学習が好き」という子どもや、「総合学習が大切だと思う」という子どもが約7割もいます。

「学ぶ」ことに何らかの満足感を感じているのでしょう。また子どもたちは、地域のおとなたちや専門家に話を聞いたり、コンピュータを使って情報を集めること、図書館に行って資料を調べたりすることなどにも前向きに取り組んでいます。

そして、半数以上の子どもが、「そういう作業が好き」と答えています。

さらに私が注目したのは次のデータでした。

総合学習の学びを通して、「国語や算数・数学などの教科で勉強したことが自分にとって大切なことだとわかった」という子どもが、小学生で約80％、中学生で約56％。また、「国語や算数・数学など教科の勉強をもっとする必要があると思った」と答えた小学生が約63％、中学生が約54％。

子どもたちは能動的に学ぶことで、学問全体の基礎となる「知識の重要性」さえも実感しはじめているのです。

小・中学校総合的な学習の時間の児童・生徒の学習に対する意識

そう思う＋どちらかといえばそう思う
そう思わない＋どちらかといえばそう思わない

総合的な学習の時間の学習が好きだ　総合的な学習の時間の学習は大切だ

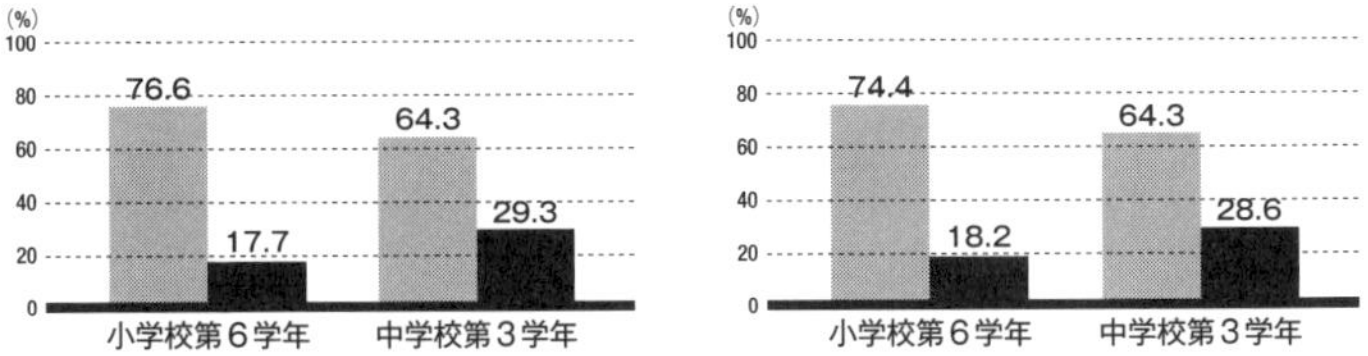

「総合的な学習の時間」の役立ち感

(「とてもそう思う」「まあそう思う」の合計)

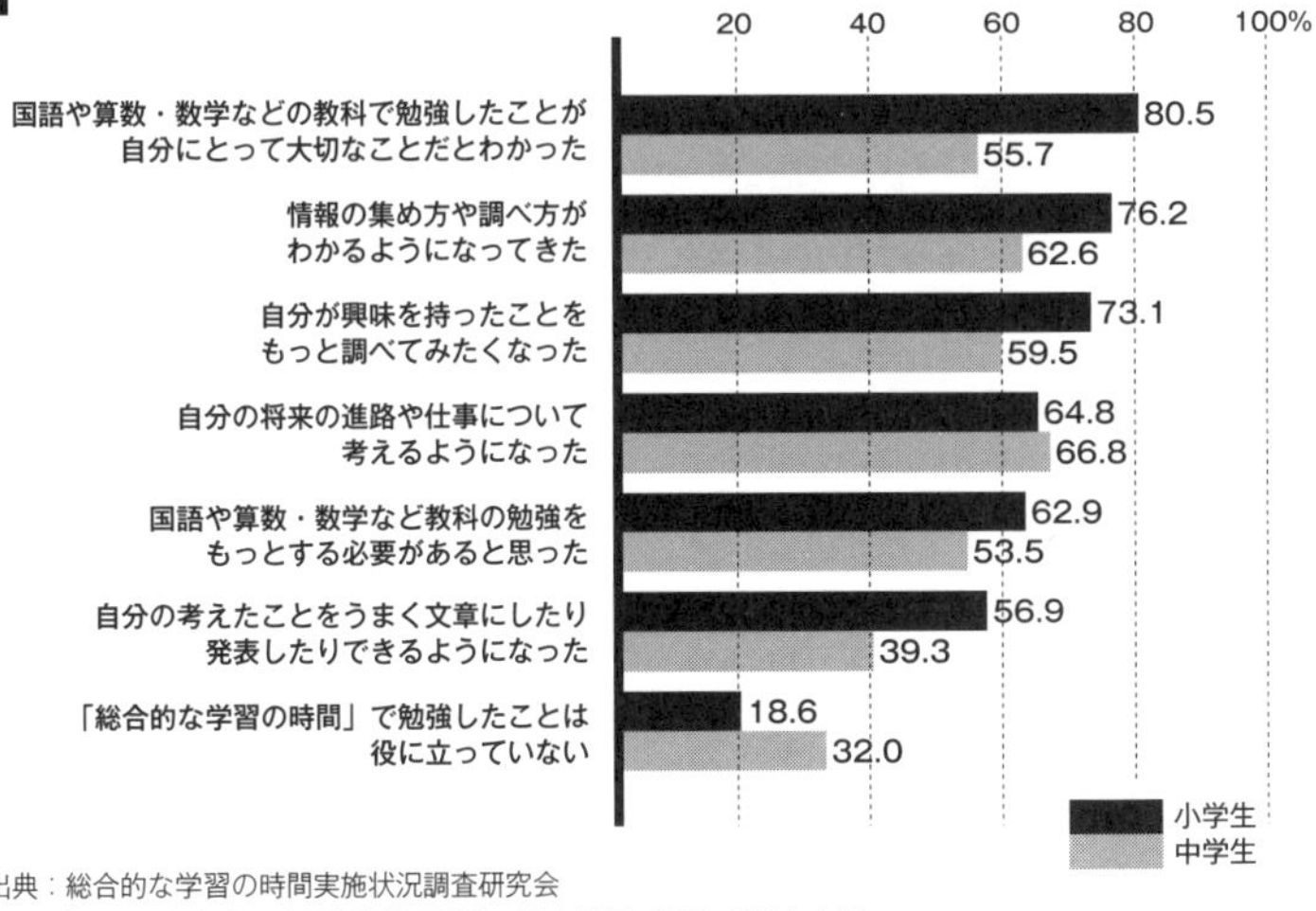

出典：総合的な学習の時間実施状況調査研究会
「総合的な学習の時間実施状況調査　調査結果の概要（抄）」より

小・中学校総合的な学習の時間の児童・生徒の学習の理解度

総合的な学習の時間で、
地域の方や専門家の方から話を聞いたり、
教えてもらったりするのは好きですか。

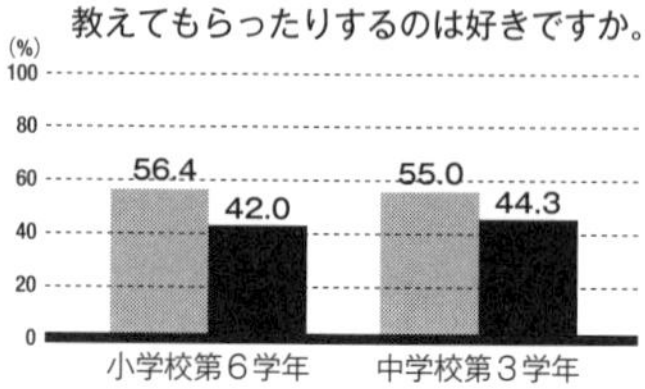

総合的な学習の時間で、
コンピュータを使って情報を集めたり、
まとめたりするのは好きですか。

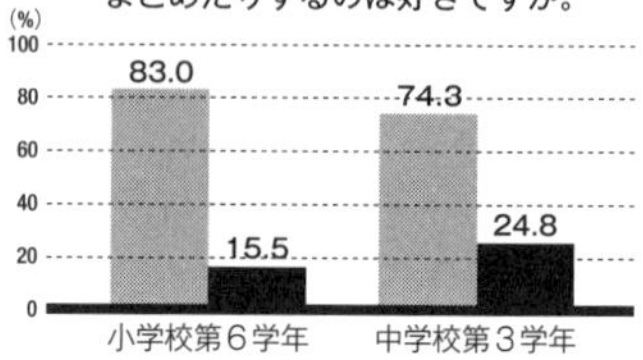

総合的な学習の時間の学習で、
問題にぶつかったとき
いろいろな解決方法を考えていますか。

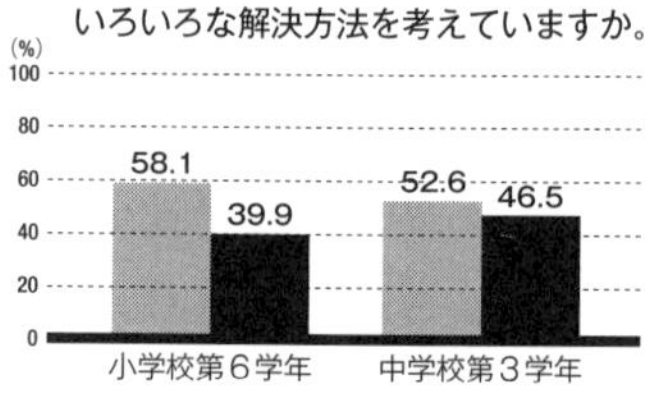

総合的な学習の時間の学習で、
学校の図書館を利用して資料を集めたり
調べたりするのは好きですか。

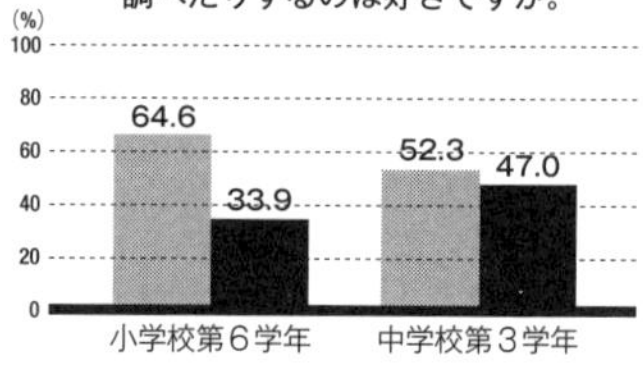

総合的な学習の時間の学習がきっかけとなって、
それに関する新聞記事を読んだり、
テレビ番組を見たりしていますか。

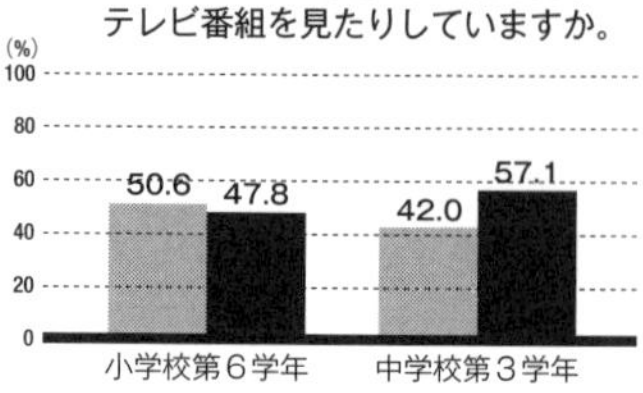

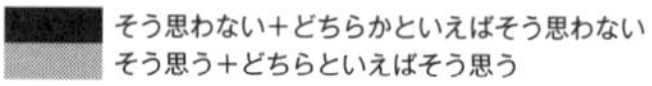

出典：総合的な学習の時間実施状況調査研究会
「総合的な学習の時間実施状況調査　調査結果の概要（抄）」より

おそらくこれは、先生や親が諭しても理解できないことです。自分自身で能動的に学ぶようになってはじめてわかること。自分から学ばなければわからないことでしょう。

さらにこのデータからは、新聞や本を読んだり、自分の生活や生き方、身の回りの自然や社会のことなどにも関心をもつようになり、視野が広範囲にまで広がっていることが見て取れるでしょう。

受け身学習に偏る弊害

そもそも日本語の「学ぶ」という言葉の語源は、「真似る」。

日本では先生が教えたことをそのとおり真似るのが、生徒の務めと考えられ、またこの数十年、小・中・高校では、大学入試を突破するための知識偏重、暗記重視の教育が続けられてきました。

基礎的な知識を身につけることは大事です。

世界の教育が変わろうが、日本の大学入試がどう変わろうが、基礎的な知識を学ぶことをないがしろにしてはいけません。

しかし、今や知識や正解は、スマートフォンやパソコンを使えばあっという間に探すことができます。

以前は、知識や情報や正解は、図書館や研究室、研究者や知識人の頭のなかなど限られた場所だけに収められていて、それを保有していることが一種の特権でしたが、今や知識も情報も正解も、私たちひとりひとりの手のなか（スマートフォンやタブレット）にあるのですから、ことさら暗記にばかり力を入れることは無意味です。

また、一方的に教えられるばかりだと、叩き込まれた考え方や方法論に固執してしまい、枠を破ることができなくなって、自分なりの着想、まったく新しい自由な発想がわいてこなくなります。

しばしばいわれてきたことですが、日本人は既存のものを真似て、改良することが得意です。

高度成長期の日本の発展は、この模倣によって支えられてきたといえるわけですが、その一方で、独創性や柔軟性が足りないといわれます。

まったく新しいものをつくり出すのが苦手だ、と。

それは、インプット中心の教育が行われてきたことの弊害でしょう。「マニュアルがないと動けない若者が増えている」とか「臨機応変にものごとに対処できない子どもが多い」という声が聞かれるのも、インプット中心の教育の影響ではないでしょうか。

アクティブ・ラーニングで子どもが変わる

日本は古来、「ムラ社会」です。

周りと違うことをしたりいったりすると、「ムラ八分」にされるため、違う意見をもっていても、とりあえず周りの流れに乗っておこうというのが習い性になっているのでしょう。

ある大学の教授に聞いても、学生たちは総じて消極的で自分の意見をあまりいわないといいます。アクティブ・ラーニング型の授業をして、「どう思いますか」「みなさんなら、どうしますか」と問いかけても、最初はポカーンとしているか、下を向いているか、ほとんど反応がありません。

ところがしばらく続けていくと、積極的な子ども数人が意見を述べはじめます。そうなったらしめたもので、その数人につられてしだいに周りの子どもたちも口を開くようになり、最後は全体に広がって、ほとんどの子どもたちが意欲的に「自分ならこうする」「自分はこう思う」と意見をいいはじめます。

恥ずかしがり屋な子どもは発言するのにある程度の時間がかかりますが、そういう子どもに対しては周りの子どもたちが一生懸命に聞いてあげようとします。

協力し合うということも、子どもは自然に学んでいくのです。

日本型の授業では、先生の話を聞いているだけで、自分の考えを人前で述べる機会がほとんどありません。

ですから、最初はじょうずにできなくて当たり前なのです。

しかし、順応性が高いのも子どもの特性で、機会さえ与えればすぐに慣れて、堂々と自分の考えを話せるようになってきます。

学校の通常授業——先生の話を椅子に座って聞いている授業のときは、じっとしていられない子どもが、アクティブ・ラーニング型の授業に参加すると、集中力が持続しやすくなるという例もあります。

また、絵を描いたり、コンピュータのプログラムを学んだりするアクティブ・ラーニングなどでは、それらを得意分野とする子どもが、周りの子どもたちに「すごい」「じょうずだね」と褒められて、自信をつけます。

「自分にもできるんだ」という自信は、大きな力になります。

その自信がさまざまなところに波及して、ほかの教科にも意欲的に取り組んで成績が上がる、興味の対象が広がる、視野が広がる、また、生活全般に積極的になるなど、子どもに大きな変化があらわれるのです。

第4章

明日、学校で手をあげたくなる「スクールTV」

「スクールTV」無償化が教育格差、経済格差を解消する

正解主義教育の恐ろしさ

ものごとには常に正解がある――ということを前提に行ってきたのが、これまでの日本の教育です。このことは繰り返しお伝えしてきました。

そして、その正解をたくさん覚えられた順に成績をつけたり、選択肢のなかから素早く正しく正解を選び出せる子どもを「頭がいい」「成績優秀」と称賛し、一方で、正解を覚えられない子ども、覚えた正解の数の少ない子ども、与えられた選択肢を見て、「このなかに答えはありません。私は○○が正解だと思います」などといってしまう子どもには、低い評価しか与えません。

これが日本式の正解主義の教育です。

このような教育が、思考力、判断力、決断力、行動力など、生きるうえで欠かせない力や知恵の不足した日本人を大量に生み出していると、私は感じています。

2003年に東京都内の公立中学校で初の民間登用で校長を務め、シミュレーションやロールプレイングなどを使いながら世の中のことを学んでいく「よのなか科」や、夜間の進学塾「夜スペシャル」を創設するなど、画期的な授業やカリキュラムを実践された藤原和博さん（現・教育改革実践家）が、正解主義の弊害として興味深い例をあげています。

東日本大震災のときの、岩手県釜石市と宮城県石巻市大川地区の避難行動の違いです。

両市とも震災の際に大きな津波に襲われたのですが、人的被害は天と地ほどの差が生まれました。

釜石市では、防災の専門家である群馬大学大学院の片田敏孝教授が約7年間、同市の防災教育に携わり、「災害は常に想定を超える。だから自分の頭で考えて、必要だと思ったら親や先生が迎えにこなくても逃げなさい。そして逃げるときは周りの人を誘いながら逃げなさい」と子どもたちに教えていたそうです。

子ども向けの防災教育といえば、「親や先生の指示に従って逃げなさい」「おとなが来るまでその場で待ちなさい」というのがふつうですし、避難訓練も「教室を出たら列をつくり、静かに前の人について体育館や校庭に出て……」と、決められたことを確認して終わりになるのがふつうです。

しかし、片田先生は、マニュアルが通用しないときもあるし、おとなが間違うときもあることなどを繰り返し教え、自分自身で状況判断することの大切さをいいつづけたのです。

東日本大震災のときには、その教育がみごとに実を結びました。

小学校1年生の子どもも、ひとりで避難所に逃げることができたのです。

結果、釜石市の小・中学校の生徒の生存率は99・8％に達しました。

一方、石巻市大川地区はどうだったかというと、結果的に多くの子どもたちが命を落とすことになってしまいました。

もしかしたら先生方の頭のなかには、「違う方法で逃げたほうがいいのではないか」という考えが浮かんでいたかもしれません。

しかし自分の直感や判断よりも、マニュアルを優先してしまった。

マニュアルが「正解」だと教え込まれてきたからです。

これが正解主義の弊害であると、藤原さんは指摘しています。

正解主義が学力格差の一因である

学力格差、教育格差の広がりは国としても頭の痛い問題で、文部科学省はその原因を探り、学力向上につながる方策を立てようと本腰を入れています。

家庭の年収、親の学歴、居住地域などが子どもの学力に大きく影響し、格差を生んでいることは数々の調査結果が示していますが、正解主義も学力格差の大きな原因になっていると私は考えています。

正解をたくさん覚えた子どもや素早く正解を選び出せる子どもは、良い成績がもらえる。

一方、正解をたくさん覚えられない子どもや間違った解答をしてしまう子どもは、良い成績がもらえない。

これが今の日本の学校の評価方法です。

このような型にはまった温かみのない評価方法が子どもの心理にどのような影響を与えているか、考えたことがあるでしょうか。

正解がわかる子どもはパッと手をあげて答え、先生から褒められたり、友だちから尊敬されますが、正解がわからない子どもは手もあげられず、「どうしよう、わからない。このままではみんなに馬鹿にされてしまう。間違えたら先生に怒られる、お母さんに叱られる、友だちに笑われる。恥ずかしい」と、委縮してしまいます。

正解がわからない子どもは授業に参加できず、先生の話をボーッと聞いているだけ。先に紹介したハーバード大学のマズール教授の実験によれば、そういうときの脳は眠っているのと同じでほとんど動いていません。

その結果、ますます授業についていけなくなり、勉強に興味も意欲もなくなり、落ちこぼれていく。

学校にも行きたくなくなる。

このようにして、正解がわかる子どもとわからない子どもの学力格差は、どんどん広がっていくのです。

また、日本の学校は集団教育が基本で、学習指導要領で1年間に教えなくてはいけない内容も決められています。

ですから、授業についていけない子どものペースに合わせることはできませんし、授業以外の雑事に追われる先生たちは補習をする余裕もありません。

日本の子どもたちの学力低下は、このようにして引き起こされたのです。

明日、学校で手をあげるために

もしも、明日学校で受ける授業の内容がきちんとわかっていたら、どうでしょう。

もう、先生に指されないように小さくなっている必要はありません。

先生と目が合わないように下を向いている必要もありません。

授業に参加することが、嫌ではなくなるでしょう。

楽しみにさえなるかもしれません。

自信をもって授業に参加できるようになるはずです。

「手をあげて答えたい！」と前向きな気持ちにもなれるのではないでしょうか。

そうすれば、学校に行くことも楽しくなるでしょう。

当社では2015年夏から、アクティブ・ラーニングを導入したeラーニング、「スクールTV」の配信を始めました。

アクティブ・ラーニングを導入したeラーニングは、日本ではじめての試みです。

「スクールTV」の最大の特徴は、予習に役立つ内容であることです。

単元ごとに、これさえ予習しておけば授業の内容がしっかりわかる、先生の話がすんなり理解できるという最重要ポイントに的を絞って、わかりやすくていねいに説明してあります。

ですから、家で予習しておくことで、明日、学校に行って、授業に前向きに参加できるようになります。

明日、教室で自信をもって手をあげられるようになります。

明日の授業が、明日の学校が、楽しくなります。

今まで授業に消極的だった子どもや、先生の話を受け身でしか聞くことができなかった子どもが、前向きに、能動的に変わっていきます。

これこそが最大の「能動的な学び」、つまり「アクティブ・ラーニング」です。

学校が楽しくなくなった子どもに学んでほしい

「スクールTV」は、授業で少しつまずきかけていたり、授業についていけずに学校が楽しくないという子どもにこそ、使ってほしいと考えています。

わかりやすくするために偏差値で説明すると、「偏差値50をめざしている子ども」ということになるでしょうか。

偏差値とはごく簡単にいうと、平均を50とした点数でテストの成績を見る方法です。偏差値が50より上、たとえば55や60であれば、その集団のなかで平均よりも上位の成績。

50より下、たとえば45や40であれば、その集団のなかで平均よりも下位の成績。そして偏差値50とは、「その集団のなかでちょうど真ん中あたりの成績」ということです。1000人の子どもがテストを受けて、偏差値が50であれば、500番あたりの成績だということになります。

話は少しそれますが、私は偏差値教育を肯定しているわけではありません。偏差値というのは、ペーパーテストをやらせて、とれた点数で学力を判定するものです。

日本の教育は正解主義で、現状のテストは「どれだけ正解をたくさん覚えられたか」を測るツールになっている場合が多いため、暗記が得意な子どもは高い偏差値がとれる、暗記が苦手な子どもは低い偏差値しかとれない、という結果になりかねません。それぞれの子どもがもつ固有の資質、潜在能力など、数値化できない能力は偏差値にはあらわれてこないのです。

日本の教育が正解主義から脱し、これからの社会を生きていくうえで不可欠となる思考力、判断力、表現力、創造力、発想力、コミュニケーション能力、こういった能力を育てることを重視していくなら、偏差値教育はやめなければいけません。

21世紀型の能力を養うには、○×式や択一型テスト、正答だけを問うテストはやめ、偏差値で子どもの学力や能力をランクづけすることもやめるべきです。

アメリカには偏差値という概念がありません。

ペーパーテストの点数で合否判定をすることがないからです。

偏差値でわかる成績の目安

偏差値	
75	成績が最上位から 0.6%
70	成績が上位から２%
65	成績が上位から７%
60	成績が上位から16%
55	成績が上位から31%
50	成績がちょうど真ん中（テスト平均点）
45	成績が下位から31%
40	成績が下位から16%
35	成績が下位から７%
30	成績が下位から２%
25	成績が最下位から 0.6%

出典：すぐる学習会サイト「偏差値の求め方」より

たとえばハーバード大学の入学審査は、願書、高校4年間（日本人の場合は高校3年間）の成績、エッセイ、推薦状、全国共通試験（ＳＡＴ）のスコア、面接を総合して行われます。

面接では卒業生が受験生と1～2時間かけて話し、「この人はハーバードが求める人材かどうか」などを見て選抜します。

また、「〇〇の研究がしたい」と要望を出し、それが認められて入学を許可される場合や、優れた専門性をもっていることを考慮され、合格になるケースも多々あります。

潜在能力、可能性や将来性、個性、そういう数値化できない部分を見ているからです。これからの日本もそうした方向に進んでいくのが望ましいと思います。

さて話を戻しましょう。

「スクールＴＶ」を偏差値50あたりや偏差値50をめざしている子どもたちに使ってほしい、と考えたのは理由があります。

日本の教科書は、内容の約7割が理解できていれば偏差値50台の前半がとれるようにつくられています。

ですから偏差値50前後というのは、教科書に書かれている内容がだいたい理解できる学力ということです。

難関校を受験する場合は教科書以外から出題されることも多いので、補助教材として参考書やドリルを使って勉強することが必要になりますが、学校の通常授業は教科書にしたがって行われています。

教科書の内容が7割わかっていれば、授業についていくことができます。

授業中に先生の説明がわからなくて戸惑う、といったこともありません。

そこで「スクールTV」は、偏差値50前後と、偏差値50をめざす子どもたちが学べるような内容につくったのです。

成績を上げるのは「興味」だ

前述したように、偏差値が50前後というのはごく平均的な学力をもっているということになります。

偏差値が60前後なら、その集団のなかで上位16％に入る学力。40前後なら下位16％くらいの学力だということになるわけですが、それでは、偏差値50の子ども、60の子どもは何が違うのでしょう。

頭の良し悪しでしょうか？

私はそうは思いません。

成績の差──とくに小・中学生の成績の差は、勉強に興味をもてたかどうかでしょう。

魚類学者で、タレントやイラストレーターとしても活躍している「さかなクン」。彼が魚に興味をもつようになったのは小学校2年生のとき、友だちが描いたタコの可愛さに感動したことがきっかけでした。

その日から、休み時間には図書館でタコの図鑑を読みあさり、放課後は魚屋でタコを眺め、夕食は母親に頼んで1か月間、タコ料理。

その後、港で水揚げされたさまざまな魚を見て、興味が魚全般へと広がっていったのだそうです。

さかなクンは、生態から料理法まで5000種以上の魚の知識をもっており、その博識ぶりには驚かされるばかりですが、彼が魚のことを調べたり勉強したりするモチベーションは、「魚が好き」ということです。

学者や研究者と呼ばれる人たちは、もともと頭が良かったとか勉強ができたというよりは（もちろんそういう人もいるでしょうが）、ある対象に興味がわき、好きになり、夢中で追求しつづけているうちにその分野の専門家になったのだろうと思います。

今、授業に積極的に参加できないでいる子どもたちや、授業がおもしろくないと感じている子どもたちも、何かのきっかけで勉強に対する興味がわいたら、そこから勉強が好きになり、勉強する意欲がわいてくるのではないでしょうか。

それなら私たちが、興味をもてるようなきっかけをつくっていこう。

そう考えました。

そして、子どもたちの興味を喚起するような仕掛けのいくつかを、「スクールTV」のなかに盛り込んであります。

ここからは具体的にその仕掛けをご紹介していくことにしましょう。

「スクールＴＶ」の仕掛け 1

「勉強っておもしろい！」と自然に感じられる

「スクールＴＶ」の〝ＴＶ〟には、勉強というよりは、「おもしろいテレビ番組みたいなコンテンツ」という意味が込められています。

テレビでエンターテインメントやバラエティを見ているみたいに、「楽しい」「おもしろい」。それが「スクールＴＶ」です。

従来のｅラーニングといえば、紙のドリルや問題集をそのままネットワーク上に公開したという体裁のものや、動画でも、講師がホワイトボードの前で講義をしている様子を、固定カメラで写しているだけのものが少なくありませんでした。

勉強が好きな子どもや得意な子ども、家庭学習の習慣がすでについている子どもなら、どのような教材でも意欲的に取り組むことができます。

しかし、勉強が苦手な子どもや勉強に興味をもてない子どもは、文字や数字が並んでいるだけのドリルや、生真面目そうな先生が淡々と教える講義では、すぐに飽きてしまいます。

そこで「スクールＴＶ」では、子どもたちの興味や関心をそらさないように、オリジナルの動画を中心に、世界の珍しい映像、おもしろ映像などを織り交ぜながら、飽きさせずに集中力を持続させる工夫を凝らしています。

ですから、子どもたちは身を乗り出して、画面を食い入るように見ながら、勉強するようになるはずです。

学校時代にどんな先生の授業がおもしろいと思っていましたか。私が印象に残っている先生は、いつも、おもしろかった本の話や、昨夜見たニュース番組の話など、生徒の心をグッとつかむような話を最初にしてくれました。

その〝つかみ〟で知らず知らずに引き込まれ、いつのまにか授業に聴き入っていたという覚えがあります。

「スクールＴＶ」では「おもしろくて、ためになる」をキーワードに、全体を通して子どもたちの興味や関心、注意を引きつけ、主体的に学ぶことができるようなストーリー展開をしています。

だから、テレビのように楽しく見ながら学ぶことができるのです。

「スクールTV」の全容

「スクールＴＶ」の学習コンテンツは、子どもの学習目的に対応して３つのステージが用意されています。ステップアップしていくことでより深い学びをすることができます。

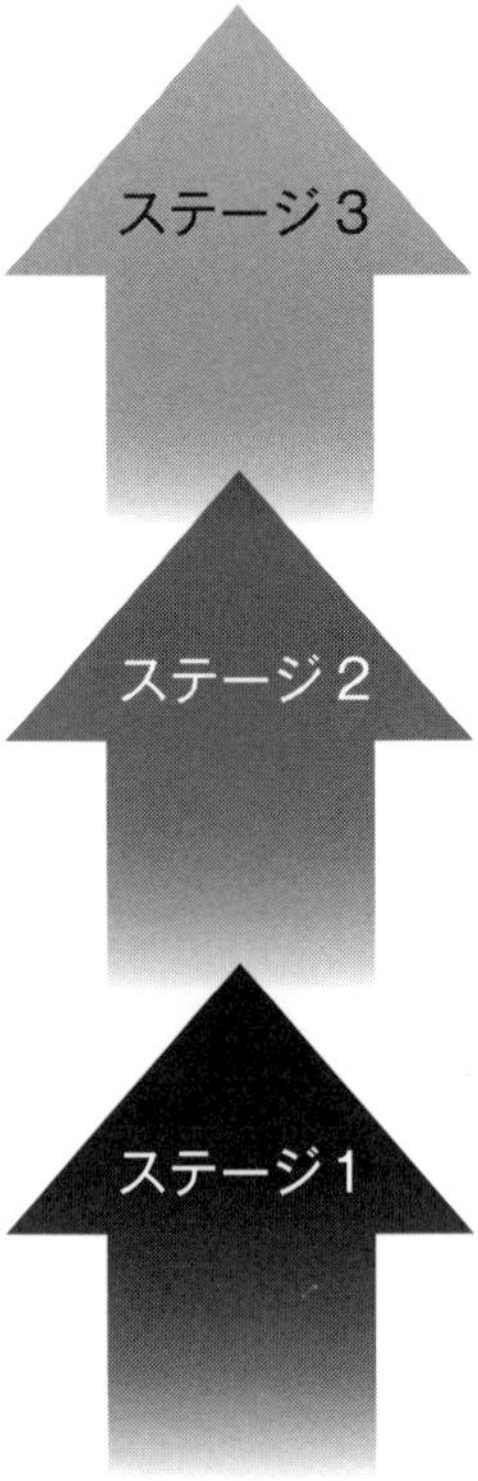

ステージ３の特徴

○グローバル社会で活躍する人材の育成
○リーダーシップ能力やコミュニケーション能力など学校では教えてくれないことなどを学べるセミナーやワークショップの開催
○留学支援

ステージ２の特徴

○ステージ１で学んだ内容の習得度をさらに上げるための問題集
○受験勉強に対応
○利用者同士でコミュニケーションができる
○親子のコミュニケーションが深まるお知らせ通知機能

ステージ１の特徴

○アクティブ・ラーニングを導入
○完全無料のｅラーニング
○講師はすべて大学生
○大学生講師にわからないところを質問できる（インタラクティブ機能）
○全編動画コンテンツ
○学んだことが身につきやすい「開脳―本編―アウトプット」３部構成
○「どうしても理解しておきたいこと」にポイントを絞った内容
○ＰＣ、スマートフォン、タブレット全対応

「スクールTV」のサイトに入ると……
こんなふうに進みます

ねえ、ねえ、こんな話、聞いたことない?

開脳パート

どうして、そうなるんだろう?
好奇心は学びのエネルギー。
まずは脳の受け入れ態勢づくり。

では、問題をといてみよう。

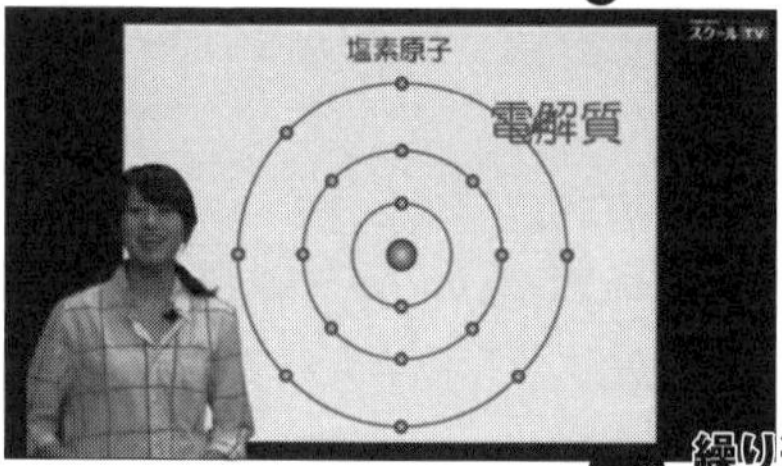

本編パート

画像を見ながら先生の話を聞くと
よくわかる。
先生が問いかけてくれるから
1対1で勉強しているみたい。

繰り返し見ると、どんどんわかるようになる。

アウトプットタイム

今勉強した内容を家族に話してみよう。
じょうずに説明できるかな。
改めて自分で調べたことは
掲示板に書きこもう!

「勉強っておもしろい!」と自然に感じられる

「スクールTV」の仕掛け 2

はじめに「学びやすい脳」をつくる

「勉強が苦手」という人でも、趣味に関することなら比較的簡単に覚えられるのではないでしょうか。

電車好きの子どもは鉄道会社の名前や路線名、車体のデザインなどはあっという間に覚えてしまいます。

人間の脳は、好きなことや興味のあることに向かっているとき能動的になり、活性化しているからです。

これを「開脳」した状態と呼びます。

車を運転している人と助手席に座っている人では、運転している人のほうが道を記憶しやすいのも、能動的、主体的で、開脳状態になっているからです。

「スクールTV」では、はじめに脳を開脳状態にする「開脳パート」（アクティブ・ラーニング＝ALパート）を設けて、学習に向かう姿勢を能動的に変え、これから学ぶ内容がスムーズに頭に入っていくようにしています。

「スクールTV」の各コンテンツは約40分。

そのうち冒頭の5分間が「開脳パート」にあたります。

そしてその5分間で、子どもたちが「おもしろい」と感じるようなテーマや話題を取り上げて紹介し、興味を喚起して、能動的な学習の姿勢へと導いていきます。

ここで一例をご紹介しましょう。

あるコンテンツの冒頭では、世界の珍しいスポーツについて取り上げています。

ひとつはセパタクロー。

東南アジア生まれの、足だけを使って行うバレーボールのような競技です。

空中高く飛び上がって足でスパイクを放ち、ボールを相手コートに打ち込む様子は迫力満点です。

2つ目のスポーツ、カバディはインドの国技。

攻撃側と守備側に分かれて、攻撃側は「カバディ、カバディ」と連呼しながら、守備側の選手を捕まえにいきます。

3つ目は、バブルサッカー。

ルールはサッカーと同じですが、選手はひとりずつ、「バブル」と呼ばれるビニール製の巨大な風船のなかに入ってプレーします。

ノルウェーで誕生した新しいスポーツで、近年人気が高まりつつあります。

このように3つのスポーツを紹介したうえで、最後にナビゲーターが「ほかにどんな珍しいスポーツがあるか、調べてみてね」と呼びかけます。

これが「スクールTV」の大切なポイントであり、特徴のひとつです。

ナビゲーターや講師が一方的に話してしまうと、子どもは受け身でそれを聞いているだけで、脳は眠っているときと同じ状態になってしまいます。

そこでたびたび、「調べてみてね」「さっき習ったこと、覚えている?」「これ、わかる?」「これ、知っているかな?」といった具合に問いかけや呼びかけをし、まるで子どもと1対1で対話しているような和やかな雰囲気をつくり、子どもが能動的なアクションを起こしやすいように促しています。

このような子どもたちへの呼びかけや問いかけは、40分間のコンテンツの全編を通して、繰り返し行われています。

「スクールTV」の仕掛け 3

身近なたとえ話で興味を引きつける

約5分の「開脳パート」に続いて、各単元の授業がスタートします。

各単元では、「この部分をしっかりと理解しておけば、明日、学校で手をあげられる」という重要ポイントに的をしぼって、ていねいに説明しています。

各単元で扱う内容は各教科書にしたがっていますが、教科書に書いてある内容をそのまま説明したのでは単なる解説動画になってしまい、子どもの興味を引くことはできません。

興味がわいてこないと、学習に向かう姿勢が受け身になってしまいます。

そこで、必ず身近なたとえ話を用いて説明するようにしています。

具体的にいくつかご紹介しましょう。

たとえば、算数の割り算の筆算の授業では、次のような例を引いています。


「いちご農園をやっているおばさんが、1箱20個入りのいちごを4箱、送ってくれました。

ぼくの家族は5人家族です。ひとり、何個食べられるかな」

そして続いて、

「頭のなかで計算しようとしたら、途中でごちゃごちゃしてわからなくなってしまいました。

そこで紙に書いて、筆算で計算をしてみました。

筆算を使うと、ひとつひとつ確かめながら計算ができるので、間違いがなくなるんです」


と、筆算のやり方の説明へと入っていきます。

もうひとつの例を紹介しましょう。

社会の「店で働く人々」という単元では次のとおりです。


「みなさんはお母さんといっしょに買い物にいって、バナナを買うときには、どんなものを選ぶかな。

たとえば、青いバナナ、黄色いバナナ、茶色くなったバナナ、どれを選ぶ?

すぐに食べるなら黄色いバナナ、少しあとで食べたいなと思ったら青いバナナを選ぶよね。

でも、何日かおいておくと茶色くなってしまいます。

このバナナを新鮮な順に並べると、青いバナナ、黄色いバナナ、茶色いバナナという順になります。

商品の良い悪いを『品質』といいます。

今のバナナの話でいうと、青いバナナと黄色いバナナは『品質がいい』。

茶色くなったバナナは『品質が悪い』ということができます」


このように、たとえ話に用いるのはすべて、子どもたちの身の回りで起きそうなできごとや、子どもたちがふだん経験していたり、興味をもちそうなテーマや話題です。

身近なたとえ話があると、子どもは学習の内容をイメージしやすくなります。

また前記の例でいえば、お母さんと一緒にスーパーに行ったときに勉強した内容を思い出したり、その内容をお母さんに話したりすることができます。

そうした行為が繰り返されると、学習内容が脳に定着しやすくなるのです。

また、これから学ぶ内容が実生活のなかで使えたり、身近に起きる現象などの原理のなかにあるということに気づけば、「へぇ～！」とおもしろがることができます。

これも興味喚起につながるのです。

ちなみに「スクールＴＶ」のすべてのコンテンツ、すべての内容は、オリジナルのシナリオに基づいてつくられていますが、制作スタッフには子育て中の主婦の方たちも多数参加しています。

常に子どもと接するなかで、今の子どもたちがどんなことに関心があるか、どんなたとえ話なら理解しやすいか、どのような例に興味を示すかということを体験的に知っているので、そうした情報や知見を積極的に盛り込んで、シナリオづくりを行っています。

「スクールTV」の仕掛け 4

「答えられた！」という喜びで学びを深める

正解を丸暗記させていくだけの授業では本当の学力は身につきません。

子どもたちに必要なのは、自分自身で答えへと進んでいこうとする能動的な姿勢と、自分で答えにたどりつく力です。

「スクールＴＶ」ではまず、前述のようにたとえ話を使って重要ポイントをていねいに解説したあとに、必ず問いを投げかけるようにしています。

今習ったポイントを使って、自分自身で実際に問いについて考えてみよう、というおさらいの時間です。

これは「自分で解く」という能動的な学びをすることによって、理解を深めて記憶を定着させていくうえで効果的な仕組みです。

お子さんが学んだことをすぐ忘れてしまったり、しっかりと自分のものにできないのは、学び方が間違っているからです。

脳のメカニズムからいうと、学んだことを自分のものにするために大事な要素が2つあります。

ひとつは「反復」です。

漢字を覚えるときに何度も何度も紙に書いたり、英単語やイディオムを覚えるときに繰り返し音声を聞いたりした経験があるはずです。反復するということは、理解と記憶をたしかなものにするために必要な行為なのです。

ただし、人間の脳は単調な作業が苦手です。

ただ書いているだけ、ただ暗誦しているだけという単純作業を繰り返していると、すぐに脳は飽きて、働きが低下してしまいます。

そこで大事になってくるのが2つ目の要素、「印象」です。

ものすごく楽しかったこと、ショックだったこと、悲しかったことなど、強い印象を受けたできごとは何年たっても忘れません。

感情が大きく動くとき、私たちの脳は活性化して、開脳の状態になります。

そして記憶に刻まれやすくなるのです。

「スクールTV」ではこの脳のメカニズムを利用し、問いを考えてみるという反復練習、そしてその結果得られる「答えられた！」「わかった！」というポジティブな印象、こうした2つの要素によって、単元の重要ポイントを確実に定着させるようにしています。

インターネットを使った学習教材のeラーニング自体、繰り返し学べるツールですから、重要ポイントがよく理解できなかったり、理解したつもりでも忘れたりしたら、解説部分に戻って何度でも見直しをすることができます。

それがeラーニングの大きなメリットでもあります。

「スクールTV」の仕掛け 5

「だれかに教える」ことで理解を自分のものにする

「スクールTV」の各授業の最後には、必ず「アウトプットタイム」というものが設けられています。

そこでは講師が子どもたちに、「今覚えたことをだれかに教えてあげよう」「今日勉強したことを家族と話してみよう」と促すようにしています。

これは、今学習したことを確実に身につけるための仕掛けです。

第3章でも説明しましたが、学習には、「インプット」と「アウトプット」という2つの側面があります。

インプットとは、知識を取り入れること。

先生の話を聞いたり、教科書や参考書を読んだり、「スクールTV」で講師の説明を聞くというのは、インプットです。

しかし、インプットだけを繰り返しても学びは深まりません。インプットは受け身の行為だからです。

それに対してアウトプットとは、聞いたり覚えたりしたことを「人に話す」「だれかに説明する」「だれかに教えてあげる」ということ。

自分が働きかける能動的な行為です。

人に説明するには、内容を思い出さなくてはいけません。

相手が理解しやすいように、要領よくまとめて、順序立てて話さなくてはいけません。

ときには相手から質問されたり、反論されたり、つっ込まれたり、「よくわからないからもう一度説明して」などといわれて、簡単には話が終わらなかったりします。

そうした一連のプロセスを経ることで、インプットされた内容が脳に印象づけられて学びが深まっていくのです。

学習したことを定着させるためには、インプットよりもアウトプットのほうが重要であるという研究結果は多数出されています。

そのひとつが、アメリカの国立訓練研究所（National Training Laboratories）による研究です。

144ページの図を見てください。

先生の話（講義）を聞いただけでは、内容は5％しか定着しません。

本を読んだり（読書）、たとえば語学CDのようなものを聞いたり（画像・動画）、実験を見たりしても、たいして内容を覚えていられません。

これらはいずれも受け身の学習態度だからです。

しかし、グループでディスカッションをしたり、フィールドワークで体験するといった能動的学習になると定着率が上がります。

そして学習内容をもっとも定着させやすいのが、「他者に教える」という行為です。

そうすると内容の9割程度、覚えておけるようになるといわれています。

学習ピラミッド

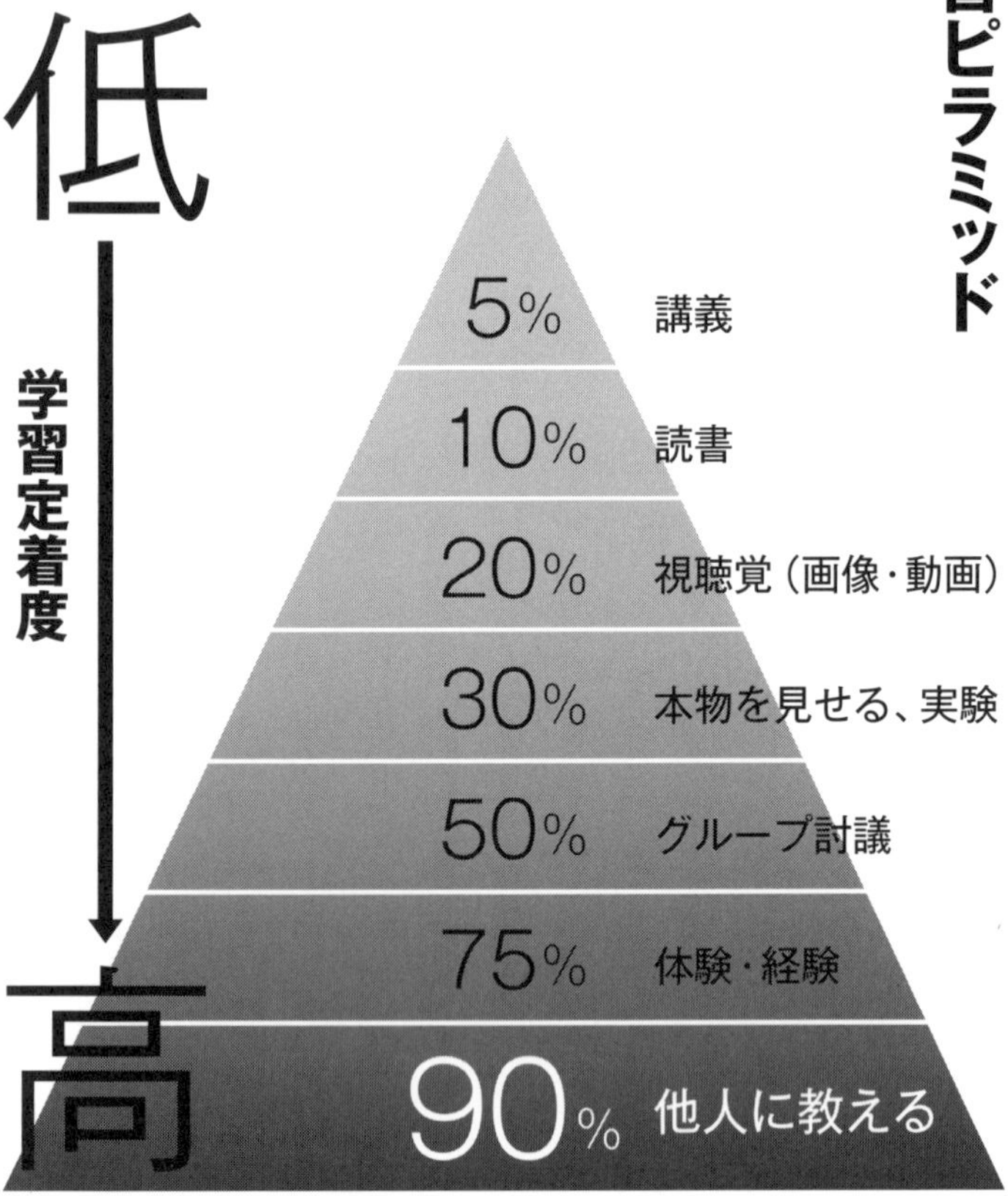

出典：NTL インスティテュート「Learning Pyramid」より

もうひとつ、アメリカのパデュー大学のカーピック教授の研究結果も紹介しましょう。

カーピック教授はワシントン大学の学生を集めて、40個のスワヒリ語を暗記させるという実験を行いました。

学生たちに、「名誉＝adahama」、「馬＝farasi」、「毒＝sumu」……という具合に書かれた40枚の単語カードを5秒ずつ繰り返し見せ、覚えてもらい、確認テストを行います。

それから次のような4つのグループ分けをしました。

【第1グループ】

「40語を通しで学習したら、40語すべてについて再試験する」という作業を、完璧に覚えられるまで繰り返す。

【第2グループ】

確認テストで思い出せなかった単語だけを再度学習させ、そのあとの再試験では毎回、40語すべてを出題する。そして、満点がとれるまで学習と試験を繰り返す。

【第3グループ】

確認テストで間違えた単語があったら、もう一度最初から40語すべてを覚え直してもらう。そしてそのあとに、先ほど覚えられなかった単語だけを再試験するという作業を繰り返して、満点がとれるまで学習と試験を繰り返す。

【第4グループ】

確認テストで間違えた単語だけを学習させ、再試験ではその間違えた単語だけを出題する。

さて、この「学習・試験」を5回ほど繰り返すと、4つのグループの全員が40語すべてを覚えることができました。

どのような方法で覚えても、スピードにはたいした違いがありませんでした。

次にカーピック教授は、1週間後にもう一度試験を行ってみました。

すると、第1と第2のグループの得点は約80点、第3と第4のグループは約35点。2倍以上の開きが出たのです。

この違いは何でしょう、わかりますか。

第2グループと第3グループを比べてみてください。

第2グループは、覚えられなかった単語しか再学習していませんが、再試験では40語すべてが出題されています。

第3グループは、40語すべてを再学習しましたが、再試験では間違えた単語だけしか出題されていません。

つまり、40語すべての単語を再試験しながら覚えたかどうかで差がついたのです。

再試験というのはアウトプットするということ、実際に使ってみるということ。

いくらつめ込んでも意味がなく、使ったもの勝ちというわけです。

脳は、覚えることよりも忘れることのほうが得意な臓器です。

時々刻々と膨大な情報が脳に入ってきて、取捨選択しなくてはいけないからなのですが、今から１００年以上前、ドイツのエビングハウス教授（心理学）が行った研究では、情報を忘れるスピードに個人差はほとんどないという結果が出ています。

子どもが学校で習ったことを忘れてしまったとしても、がっかりする必要などありません。

忘れるスピードも覚えるスピードも、みんなだいたい同じなのです。

要は、インプットよりもアウトプットの回数を増やして、だれかに話したり、教えたり、繰り返し使うように促してあげればいいのです。

そうすれば情報は脳に定着しやすくなります。

「スクールTV」の仕掛け 6

講師陣は「子どもたちの目標」

「スクールＴＶ」で子どもたちに単元を教えているのは、有名予備校のカリスマ講師ではありません。

プロのベテラン教師でもありません。

「スクールＴＶ」の講師は、全員が現役の大学生です。

カリスマ講師やベテラン教師のほうが指導経験が豊かで、授業を教える技術やテクニックはすぐれているかもしれません。

しかし、学校で先生から教わり、塾で講師から教わり、家に帰ってからもおとなの先生が画面に出てきたら、子どもとしてはさすがにうんざりするでしょう。

「スクールＴＶ」の重要な目的のひとつは、子どもたちに楽しみながら勉強してもらい、学びの楽しさを感じてもらうことです。

そこで、お兄さん、お姉さんという親しみやすさのある現役大学生に講師を務めてもらうことにしました。

画面のなかで教えている大学生講師を見て子どもたちは憧れを抱き、「がんばったら、ぼくもこうなれるかもしれない」「がんばって、私もこうなりたい」と夢見るかもしれません。

それも、学習の大きなモチベーションになるでしょう。

ここからは裏話ですが、子どもたちに勉強を教えるという大事な責任があるわけですから、現役大学生ならだれでもいいというわけにはいきません。

「子どもが好きであること」「塾や家庭教師などで教えた経験があること」などいくつかの条件を設けて募集したところ、100名近い現役大学生、大学院生からの応募がありました。

そのなかから厳しいオーディションと審査を行い、15名を選抜。発声、表情、ジェスチャーなど、視聴者の心を引きつける魅力的なパフォーマンスができるように、徹底したトレーニングを積んでもらいました。

「スクールTV」で指導を担当しているのは、そういう現役大学生の講師たちです。

2014年度のミス東大、ミス慶應、ミス首都大学東京、日本で唯一の男子チアリーディングチームとして世界大会で優勝したＳＨＯＣＫＥＲＳの一員など、才色兼備、文武両道のすばらしい人材がそろっています。

彼ら自身も各分野で努力を重ね、積極的にチャレンジして夢や目標を実現させてきている人たちです。

子どもたちには彼らのがんばり、主体性、積極性、チャレンジ精神なども学んでほしいと思っています。

小・中学校「49種240冊」の教科書に対応

「スクールＴＶ」のコンテンツは、日本全国の小学校、中学校で使われている主要5教科、49種２４０冊の教科書に対応しています。

いちばん最初にサイトにアクセスして新規登録をし、そのときに在籍している学校名を入力すれば、学校で使われている教科書名が出てくるようになっています。

科目別・出版社別対応教科書

対象教科書数（小学校）TOTAL 153

科目	国語	算数	社会	理科
東京書籍	○	○	○	○
教育出版	○	○	○	○
学校図書	○	○		○
日文		○	○	
光村図書	○		○	
啓林館		○		○
大日本		○		○
三省堂	○			
信教				○
	51	56	22	24

対象教科書数（中学校）TOTAL 87

科目	英語	国語	社会	数学	理科
教育出版	○	○	○	○	○
東京書籍	○	○	○	○	○
学校図書	○	○		○	○
三省堂	○	○			
啓林館				○	○
光村図書	○	○			
大日本				○	○
日文			○	○	
開隆堂	○				
帝国			○		
数研出版				○	
育鵬社			○		
自由社			○		
清水書院			○		
冊数	18	15	18	21	15

それを登録していただければ、お子さんがどの学校に通っていても、現在お使いの教科書に即した学習が今すぐに始められるようになっています。

どれだけ使っても「無料」

現在公開している「スクールTV ステージ1」は、何回見ても、何回利用しても、無料です。

サイトの登録は、メールアドレスとパスワード、生年月日、在籍している学校名を入力するだけ。

生年月日と学校名はお使いの教科書の確認のために必要なものですが、それ以外の氏名、住所、電話番号などの個人情報は一切お聞きしません。

料金が発生しないので、クレジットカード番号の入力なども不要です。

保護者の方は初回登録時の、メールアドレスやパスワード等の入力のときだけお子さんを手伝ってあげてください。

正確に登録できないと、あとからログインができなくなることがあるからです。

しかしその後は料金の発生や個人情報の流出などのリスクが一切ないので、お子さんに自由に勉強させておいても大丈夫です。

「スクールTV ステージ1」を無償提供することにしたのには理由があります。

13年前に創業したときの私の大目標は、「無料で良質のeラーニングを提供すること」でした。

そもそも私の夢は、経済的に恵まれない子どもたち、家庭環境に恵まれない子どもたちが自分の手で未来を切り開き、豊かな人生を歩んでいくために、質の高い教育を提供したいということでした。

ですからどんなに質のいい教材であっても、裕福な家庭の子どもしか使えないようなものでは意味がありません。

また時代が急速に変化して、知識のつめ込み、暗記優先、正解主義の既存の教育に頼っていては、人材育成が十分にできなくなってきています。

もはや、古い教育方法に、子どもたちの未来も人生も、国の将来も託すことはできません。

そうした危機感が私の心のなかで非常に高まってきたということも、理由のひとつです。「スクールＴＶの無償化」は私自身の目標の実現であると同時に、次代を背負って立つ子どもたちの夢の実現にとって不可欠なことなのです。

ＰＣもタブレットもスマートフォンもＯＫ

「スクールＴＶ」は、使用するコンピュータ機器を選びません。スマートフォンでも、パソコンでも、タブレットでも、現在使っているネットワークにつながる機器をそのまま利用して勉強することができます。

そしてｅラーニングの利点は、勉強する時間や場所を選ばないこと。朝でも夜でも、放課後でも、電車やバスの待ち時間でも、学びたいときに学ぶことができます。

ｅラーニングがあれば、何時間もかけて塾に行く必要もありません。

クラブ活動が始まるまでのあいだ、おけいこが始まるまでの待ち時間など、短い空き時間を利用して勉強することもできます。

自宅で、電車のなかで、図書館で、学ぶ場所も選びません。

学びたいと思ったときが、学ぶべきときです。

「わからなくなったところ」に戻ってみよう

「勉強がわからない」「授業についていけない」「成績が良くない」という子どもも、最初から勉強ができないわけではありません。

過去のどこかの時点で授業の内容がわからなくなり、そのまま放置されてしまっただけのことです。

授業についていけなくなった時点はどこか、過去にさかのぼってそれを見つけ、そこからていねいに学び直していけば、必ず学校の授業についていけるようになります。

「スクールTV」のコンテンツは単元ごとにつくられているので、前年に習った単元、前々年に習ったはずの単元であっても、かんたんに学び直すことができます。

学習履歴も残りますから、ひとつひとつ確実に復習し、内容を自分のものにしていってください。


教育現場では不登校児の増加が問題になっています。

勉強は好きで続けたいけれど、いじめに遭うから学校に行きたくない、画一的な学校教育になじめない、といった子どもが少なくありません。

フリースクールや復学支援の教育機関、家庭教師といったサポート方法がありますが、eラーニングも大きな一助です。

eラーニングなら自分の家で、自分のペースで勉強を続けていくことができます。

授業についていけなくなったことがきっかけで不登校になったお子さんが、eラーニングで学び直して勉強の遅れを取り戻したら、自信がついて復学することができたという例もあります。

また、不登校が原因で高校を退学したあと、eラーニングを使って自宅で学び、高等学校卒業程度認定試験（高認）に合格して大学受験資格を取得。今では楽しく大学生活を送っているという人もいます。

eラーニングは学びたい人すべてをサポートしています。

子どもたちの未来のために

わが国ではじめての、アクティブ・ラーニングを導入したeラーニング「スクールTV」のことを、少しわかっていただけたでしょうか。

聞いたり読んだりしているよりも、そう、アクティブに、まずはインターネットにアクセスして実際にコンテンツを視聴していただければ、より理解が深まるはずです。

私がアクティブ・ラーニングに出会ったのは、2014年夏のことでした。

シンガポールで行われた当社のセミナーに、世界の教育動向や、世界的に注目されているアクティブ・ラーニングに詳しい専門家の方をお招きし、レクチャーしていただいたのです。

当時、当社では既存のeラーニング・コンテンツをリニューアル中だったのですが、急遽それを中断。

アクティブ・ラーニングなしには、今後の教育、将来のための人材育成はできないと考え、当社のコンテンツの構成、内容、指導法、すべてにアクティブ・ラーニングを導入する決断をし、あらためてコンテンツの再制作に取り組んだのです。

日本国内における経済格差、学力格差、貧困の固定化はいっそう進みつつあります。これらを改善し、すべての子どもたちが希望に向かって歩んでいくためには、今まで以上の良い教育環境が必要です。

それを実現するために、コンテンツの無償化にも踏み切りました。

教育業界にとって画期的となる当社の新しいｅラーニング、アクティブ・ラーニングを導入した「スクールＴＶ」が、子どもたちの未来のために役立ってくれることを願ってやみません。

第5章 夢をリアルにしよう

将来の夢をもっている子どものほうが、「生きる力」の自己評価が高い

夢の力はすごい

私の若いころの夢は、起業することでした。

学生時代は毎日のように仲間たちと、「どんなビジネスにやりがいがあるか」「これから伸びる分野は何か」と熱く語り合っていましたが、大学を卒業後、自動車販売会社に就職したことは先にも記しました。

そのころすでに起業の機会を狙って何度か退職届は出したものの、そのたびに上司に引き留められて、踏ん切りがつかないまま仕事を続けていました。

しかし、心の底にはフラストレーションがたまっていました。

そうしたときに、交通事故に遭ったのです。

頸椎損傷で生死の境をさまよう大事故でした。

どうにか回復して意識を取り戻すことができましたが、しばらくは体を動かすことができずベッドに寝たきりで、毎日、病室の天井だけを眺めながら過ごしていました。

そのときに思ったのが、「夢を実現しないまま死ねない」ということです。

人生80年として、無難に楽に生きるのも、情熱を傾けながら夢に向かって生きていくのも、同じ80年です。

しかしどちらがより意義深い人生でしょうか。

生きるか死ぬかという切羽つまった状況に追い込まれたとき、私は「人生をかけて何かをやり遂げたい」「全身全霊、打ち込める仕事がしたい」と強烈に思ったのです。

その後約1年半、無味乾燥で変わりばえのしない入院生活と、苦しくて辛いリハビリの日々が続いたのですが、それを乗り越えられたのは「自分でビジネスを始めて、それに一生をかけよう」という夢をもちつづけていたからです。その夢のために、「1日も早く元気になろう、健康になろう」と思えたのです。

そして退院後すぐに会社に退職届を出しました。

生きる原動力は、夢です。

夢や目標があるから、意欲がわき、努力ができます。

努力ができるから、知恵や知識が身につき、能力が磨かれ、人間として大きく成長できるのです。全力を傾けて夢を追うことで毎日が充実し、その積み重ねで人生が意義深いものになり、幸福な人生になるのです。

私たちおとなは、そういう人生の送り方を子どもに教えなければいけません。人生はすばらしいものだということを、子どもたちに実感させてあげなければいけません。

子どもは夢を追いながら成長する

わが家の長男は4歳のころから「プロのサッカー選手になりたい」といっていました。

「Jリーガー」ではなく「プロのサッカー選手」ですから、海外でプレーをしたいと思っていたのです。

夢がでかくて頼もしい。

そう思った私は可能な限りの情報を集め、息子の年齢や技術に合わせて最適な環境を与えるようにしました。

幼稚園児のときは近所のサッカー教室に。

小学生のときは地元のクラブチームに。

中学生のときは3年間、あるJリーグチームの下部組織のジュニアユースに入っていました。

そうした環境のおかげで、息子はサッカーのテクニックだけでなく、人間的にも大きく成長することができました。

とくにジュニアユースでは、中学生でも一人前のおとなとして扱われ、すべてにおいて自分の責任でやるよう厳しく指導されたので、たとえば朝は、自分で目覚ましをかけて起きる、練習を休むときは自分で連絡をする、練習場や試合場に行くときは自分で荷物を持ち、ひとりで電車に乗っていく。なんでも自主的に行動する習慣が身につき、それにともなって責任感も強くなりました。

今何をすべきか、今自分にできることは何なのかを、自分で考えられるようになったと思います。

勉強も親にいわれなくてもやるようになり、将来の進路も自分なりに調べて、今はサッカーの強豪として知られる高校に進学し、全国大会をめざしています。

そしてその先さらにどのような道に進むかについても、彼は彼なりに考えているようです。

ここで興味深いデータをご紹介しましょう。

公立小学校に通う子どもたちを対象に、夢を育むことと「生きる力」の関係を調べたものです。

この場合の「生きる力」とは21世紀に求められる学力と考えられているもので、具体的には、「自分で課題を見つけ、自ら学び、自ら考え、主体的に判断し、行動し、よりよく問題を解決する能力」と「自らを律しつつ、他人と協調し、他人を思いやる心や感動する心など豊かな人間性とたくましく生きるための健康や体力」です。

調査では、将来の夢をもっている子どものほうが、夢をもたない子どもよりも、「生きる力」の自己評価が高いという結果が出ました。

ただし、夢があっても、それを叶えるために努力をしていないと、夢がなく努力もしていない子どもたちとほぼ同等に、「生きる力」の自己評価が下がってしまうことが、この調査からわかりました。

つまり「生きる力」の自己評価と関係が深いのは、単に夢をもっているかどうかではなく、夢に向かって具体的に努力をしているかどうかなのです。

夢が必ず叶うとは限りません。

しかし夢が実現しなくても、夢を追うためにした努力、この努力は決して無駄には

「将来の夢」の有無と「生きる力」の関係＜小学生＞

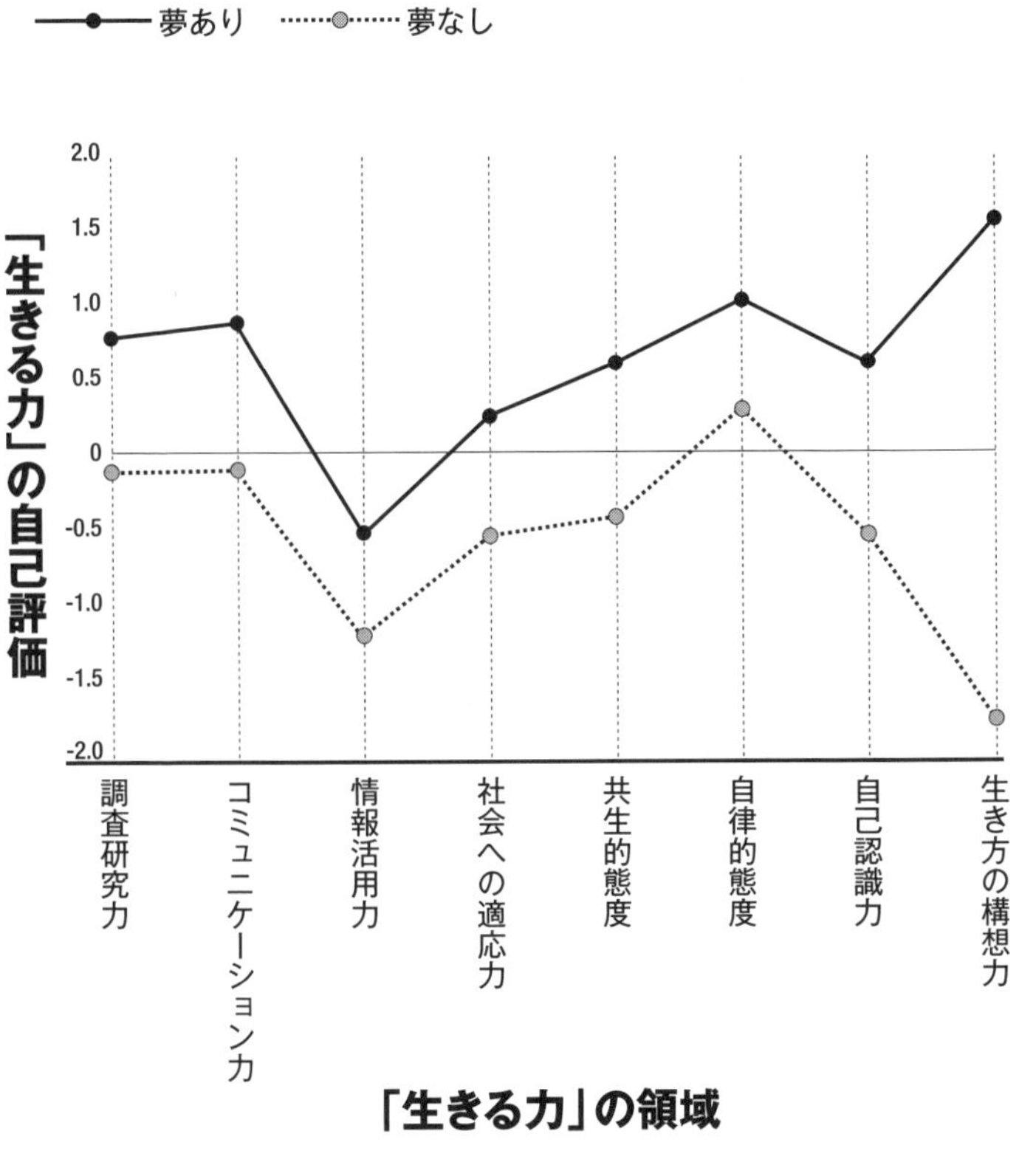

出典：ベネッセ教育総合研究所・文教総研　小林 洋氏論文「21世紀型学力を育む総合的な学習を創る」（ベネッセ教育研究開発センターウェブサイト）より

なりません。

努力すればその過程でさまざまな気づきや学びがあります。

その気づきや学びが人を成長させてくれます。

また、努力すれば「やりきった」という達成感と充実感を得ることができ、思い残すことなく次の段階に進むことができます。

努力がすべて報われるとは限りませんが、成功した人はみな、せいいっぱいの努力をした人たちです。

ドリームキラーになってはいけない

子どもにとって、「将来の夢」をもつことは、本来それほどむずかしいことではありません。

花がきれいで好き、だからお花屋さんになりたい。

バスに乗ったら運転手さんがカッコ良かった、だからバスの運転手さんになりたい。病院で看護師さんがやさしくしてくれた、だから看護師さんになりたい。

子どもは、日々の生活のなかで起きる小さな感動や素朴な憧れが、夢につながっている場合が多いからです。

ところが近年は、子どもたちが夢を描きにくくなっています。また、諸外国に比べて、日本の子どもが将来に展望を描いていないともいわれます。

子どもなりに、現代の不透明な社会情勢や低迷する経済などを感じているのかもしれませんが、周りのおとなが子どもの夢を奪っているケースも少なくないのではないでしょうか。

たとえば、Jリーガーになれる確率はどれくらいでしょうか。

日本のサッカー人口は日本サッカー協会登録数だけで約90万人、そのうちJ1・J2両リーグの登録選手が約1000人ですから、0・1%程度です。

Jリーガーになる夢は簡単なことではありません。

だからついつい現実的な親は、「地に足が着いた生き方をしなさい」「受験に合格するのが先」などといってしまいがちです。

ひどいケースだと、「そんな夢、非現実的。どうせ叶わないんだから早いうちにやめておきなさい」「お前にはどうせ無理。悪いことといわないからやめなさい」、そんなことをいうおとなもいます。

おとなは親切心でアドバイスしているつもりかもしれませんが、そういう言葉が子どもの夢をつぶしてしまうのです。

どのような人間も、潜在能力の5％くらいしか発揮できていないという説があります。

眠っている95％の潜在能力は、夢や目標に向かって努力したり挑戦したりするうちに、少しずつ開花していくのではないでしょうか。

親や先生の役目は、そのサポート、応援をすることだと思います。

決してドリームキラー――「夢を殺す人間」であってはいけません。

子どもは良くも悪くも、親や先生など周りにいるおとなの価値観や偏見の影響を受けがちです。始終、「無理だ」「ダメだ」「できっこない」といわれつづけたら、自分でも「どうせダメだ」と思ってしまいます。

しかし常に「きみならできるよ」「きっと夢は叶うよ」といわれつづけたら、自信がついて、むずかしいハードルさえ越える力がわいてくるはずです。親御さんには、子どもの無限の能力や可能性を引き出すような励ましの言葉をかけ、子どもの夢の実現を手助けしてあげてほしいと思います。

夢という目的、勉強という手段

子どもの夢を切り開いていくこと。

それが、教育の大きな使命だと私は思っています。

勉強するのは、いい大学に行って、いい会社に入って、いい生活をするためではありません。

今はもう、いい学校やいい会社に入っても、将来は約束されていません。

大学は今や全入時代。

少子化で学生の母数が減り、ＡＯ入試や推薦枠など受験の選択肢が増えて、大学入学のハードルは格段に低くなっています。

20年前と比べて、大学入学者は14万人も増えています。

高卒者の47％以上が大学に進むのですから、「大学出」という肩書はめずらしくも、ありがたくもありません。

「いい会社だ」と信じて就職した大手企業がある日とつぜんつぶれたり、M＆Aのすえにリストラ勧告されたり、といったことが当たり前に起きる時代です。

大手銀行に入り、エリートコースを驀進中……と思っていたら、他行と合併し、つぶれかけの投資会社に出向させられる憂き目に遭うかもしれません。

郵政省に入り公務員だから将来安泰……と思っていたら、郵政民営化で一般企業のサラリーマンになってしまった人もいます。

「いい大学」や「いい会社」という定義はまったくあてにならず、俗に一流大学、一流企業といわれているところに入っても、それで「いい生活」や「将来の安定」が約束されるわけではありません。

勉強は、夢を実現するためにするものです。

目先のテストや受験のためではありません。

学校に行くのも、人生の夢や目標を叶えるため。

「将来なりたい自分」になるためです。

たとえば宇宙飛行士になるには、自然科学系の大学で学び、その分野の研究・設計・

開発に関して3年以上の実務経験があること、英語が堪能であること、といったいくつかの条件があります。

宇宙飛行士をめざしている人にとって、数学を勉強するのは宇宙に行くためです。英語を勉強するのは、外国の研究者と一緒に宇宙船に乗って宇宙に行くとき、コミュニケーションが必要だからです。

数学を勉強するのも英会話をブラッシュアップするのも、宇宙飛行士という夢を叶えるために欠かせないからです。

夢という「目的」あるいはゴールを、実現する「手段」が勉強です。

私自身は折に触れて、夢の話や、この「目的と手段」という話を子どもたちにするようにしてきました。

ですからわが家の子どもはみな、小さいころからそれぞれに夢をもち、実現するにはどうすればいいのかを自分で考えています。

そして親である私と妻は、それを全面的に応援するサポーターです。

子どもは子どもの人生を生きているのですし、否が応でも自分の力で生きていかなければならないのです。

自分の人生のこと、夢のこと、将来のこと、そして「目的と手段」、これらを自分自身で考える習慣を身につけさせることも、親の大事な役目だと思います。

失敗は行動で修正すればいい

「夢なんて不確実だ。子どもに人生の失敗はさせたくない」、そう思う親御さんは多いかもしれません。

しかし、どのような生き方をしても、人生に失敗や挫折はつきものです。

無難な道、安全な道を選んだつもりでも、思わぬ落とし穴が必ずどこかにあります。

「超一流」といわれるバッターの打率は、3割3分です。

意外に低いと思いませんか。

超一流のバッターでも、10回打席に立って7回は失敗するのです。

しかしここで大事なのは、失敗や成功の回数ではありません。

10回打席に立って10回、いえ何十回もバットを振ったということです。

日々、血のにじむような努力をしたから、10回打席に立つ挑戦権を得た。

そこで思い切りバットを振った、それが重要なことです。

最初から失敗やリスクをおそれたら打席に立つことさえできませんし、1～2回の失敗であきらめたら、その後の打席に立つ機会もありません。

そうしたら結局、成功もないのです。

人生でもビジネスでも必ず失敗があります。

失敗をおそれて安易で安全な道を行こうとするのではなく、勇気を出して挑戦し、果敢に行動し、がんばって努力することで失敗を減らしていく。

失敗から学んで次に生かすということのほうが重要です。

わが家の長女は小さいころから看護師になるのが夢でした。

私もそのつもりでずっとアドバイスをし、本人も高校に入ってからは看護大学をめざして予備校に通い、受験勉強をしていました。

ところが高校3年の1学期に病院の実習に行ったところ、家に帰ってくるなり、「わたし、血を見るのは嫌。看護師は向いていない」といい出したのです。

看護師になったら血を見るのは当たり前、そんなことだれでもわかるはずなのに、いったい今まで看護師をどういう仕事だと思っていたのか、呆れるやらびっくりするやら。

しかしここは親として、ひとつの生き方を示さなければいけないと思い、「看護師が向いていないと気づいたのなら、それでいい。それならこれから先、何を仕事にしてどうやって生きていくのか、真剣に考えなさい」といって、本人によく考えさせました。

その結果、「子どもが好きで、子どもの面倒を見たり教えたりするのが楽しい。だから幼稚園の先生になりたい」と、進路を変更。

幼稚園の先生になるにはピアノが必須なので、ピアノの特訓を受けながら受験勉強をし、志望校に入り、今では幼稚園の先生をしています。

進路を変更する決断、そして決断してからの行動力とがんばりはすばらしかったと思います。

きっと長女はこのことから多くを学んだはずです。

そうであればこれは失敗ではなく、ひとつの経験、財産です。

子どもたちはこれからの人生で何度も失敗したり、つまずいたりするでしょう。

でもそれがふつう。

リスクや失敗やミスは決してゼロにはできません。

ましてや親が子どものために、安全安泰な人生を準備してやることなどできないのです。

親に唯一できることがあるとすれば、リスクがあっても、失敗しても、行動すればいくらでも修正していけるのだ、と教えておくことです。

リスクを減らすにはどうすればいいか〝考える〟というのは無意味です。考えても考えても、どこまで考えてもそれは机上の空論。リスクや失敗は減らないし、下手をすれば、考えすぎて進むべき石橋を叩き割ってしまうことになりかねません。

私はどちらかというと、石橋をどんどん渡って、退路はすべて燃やすような生き方をしてきました。

引き下がる道はないと思ったら、覚悟を決めて、勇気をもって前進するしかありません。

不思議なもので、前進すればおのずと道は開けていくものです。

逆算式アプローチで夢にたどりつこう

一流のプロスポーツ選手やオリンピック選手のなかには、まず明確な目標を設定して、そこから逆算して計画を立てて練習を積み重ねていくというトレーニングをしている人が少なくありません。いわゆる逆算式アプローチです。

この方法がすぐれているのは、めざすゴールがはっきりしているので、方向性を間違えないということです。

ゴールを明確にしないままでは、努力して10歩進んでも、方向性を誤って結局何も成し遂げられないということになりかねません。

ゴールを設定してそれに向かって進むようにすれば、10歩進んだら確実に10歩ゴールに近づくことができ、小さな達成感があります。

それによってモチベーションが上がり、次の行動も起こしやすくなります。

私もむかしから子どもたちには、「将来は何になりたい？」「夢は何？」「目標をもちなさい」といいつづけてきました。

おぼろげながらでもいいからゴールをイメージして、そこから逆算して、どういう学校に行って、どういう勉強をすれば、ゴールまでたどりつけるのかを、子ども自身に考えてほしかったし、また私も一緒に考え、親としてできるだけの手助けをしたいと思ってきたからです。

このところ、「高学歴ニート」が急増しています。

いわゆる偏差値の高い大学や大学院を卒業したにもかかわらず、その後、就学も就労もしていないという人たちです。

高学歴ならいい就職ができるというのはもはや過去の話。

今や東大・京大を出ても職がない、「大学院を出た博士様など雇えない」といって拒否されてしまう、「高学歴ワーキングプア」の時代であり、大学を卒業したのに就職も進学もできない若者は7万人近く（平成26年度「学校基本調査」）もいるのです。

ニートになる理由、背景はいろいろでしょうが、将来何をやりたいのかが見つからないまま、「学歴は必要だからとりあえず」と進学した人たちが陥りやすいようです。

人生80年として、高校を卒業するのは18歳、大学を出るのが22〜23歳。

大学卒業後の状況（2014年）

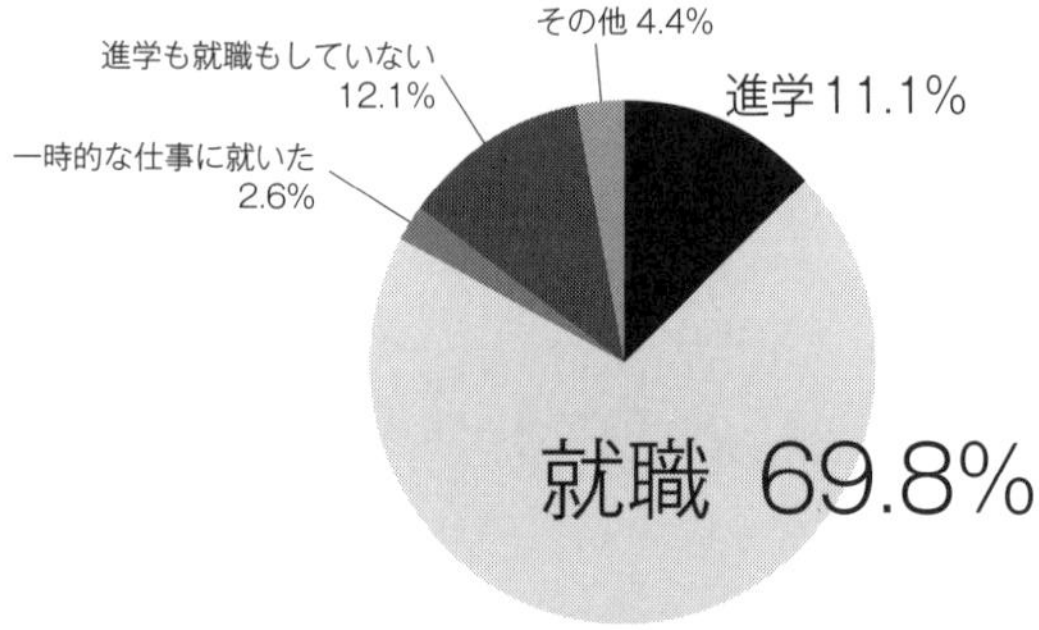

修士課程修了者の卒業後の状況（2014年）

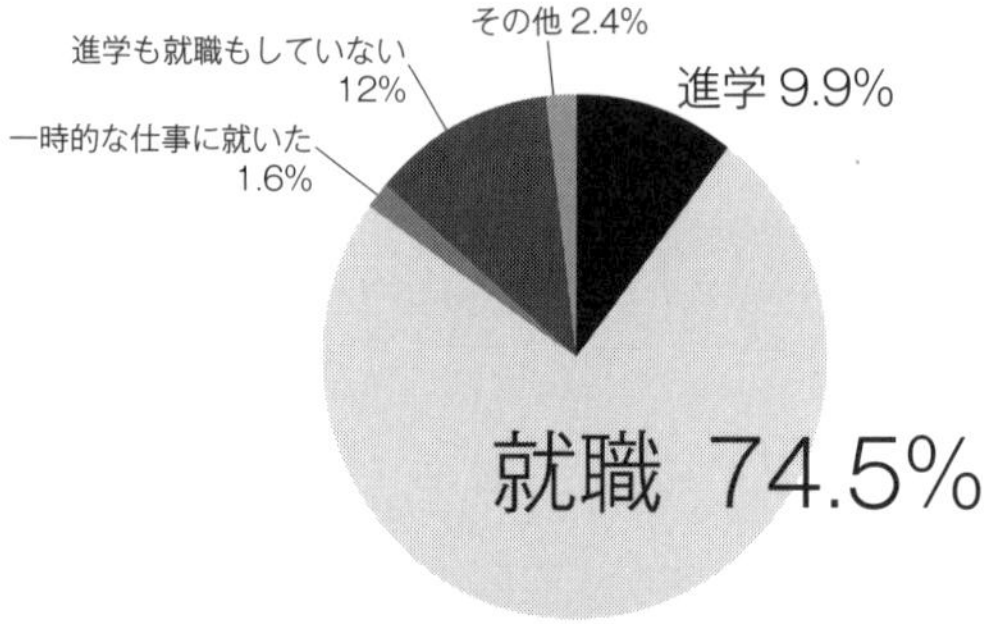

博士課程修了者の卒業後の状況（2014年）

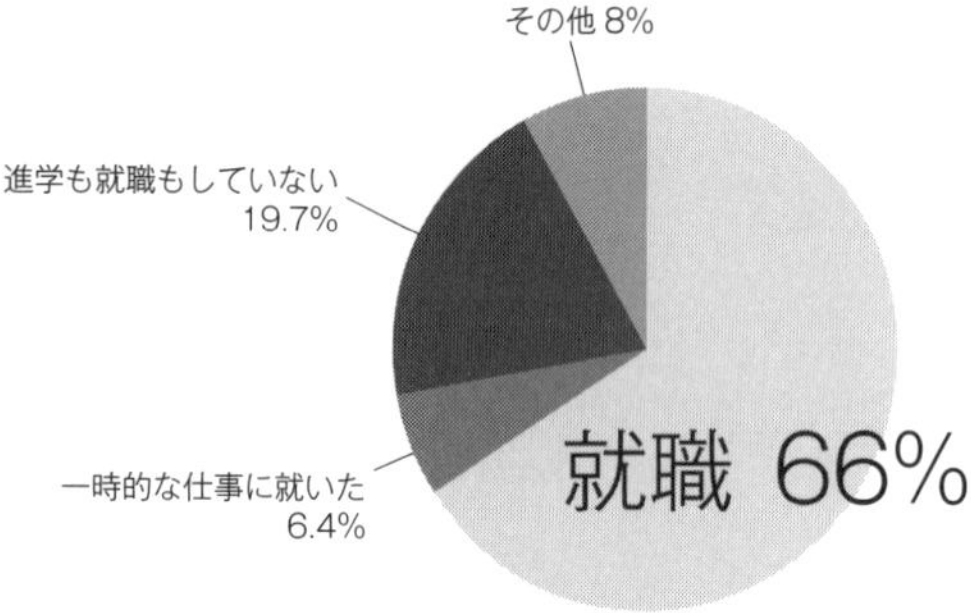

出典：文部科学省「平成26年度学校基本調査」より

学校を終えたあとの人生のほうが、はるかに長いのです。

社会に出てからの約60年を無味乾燥なものにしないために、将来の夢や目標を早めに見つけておくべきです。

早い時期に見つけることができれば、人生の計画も立てやすくなり、アドバンテージになるのです。

子どもの夢を叶える3つの方法

子どもの夢をどんどん膨らませてあげるために、親は何をすればいいでしょう。

私から3つの提案をしてみましょう。

(1) 自信をもたせる

ある統計によれば、「自分に自信がない」「自分はダメな人間だ」と思っている子どもの数は、日本のほうが外国よりもはるかに多く、とくに年齢が上がるにしたがってその傾向が強くなります。

子どもは、生まれつき自信がなかったわけではありません。前にも述べたように、親や先生に、「お前はダメだ」「どうしてこんなことができないんだ」といわれながら育つうちに自信を失い、自己否定するようになったのです。

自信がなければ、やる気はわいてきません。「どうせダメだ」と最初からあきらめて、努力もしません。

子どもをやる気にさせる秘訣のひとつは、自信をもたせること、自己肯定感をつけさせることです。

そのためにはぜひ日頃から、良いところや得意なことを見つけて、言葉にして褒めてあげてください。

また、努力してできるようになったことがあれば、「じょうずになったね」と褒めてあげることです。

何度も褒められているうちに、子ども自身が好きなことや得意分野を自覚するようになり、それが夢へとつながっていくことも多いものです。

（2）具体的なヒントを与える

夢と現実のあいだにはギャップがあります。

野球が大好きでプロ野球選手になることを夢見ていても、足が遅かったり、体が小さかったら、夢を叶えるのはやはりむずかしいかもしれません。

でも、「野球が好き」という気持ちが強くて本物なら、野球にかかわりながら仕事をしていく道はいくらでもあります。

たとえばスポーツトレーナー、スポーツカウンセラー、バットづくりの職人なんていう仕事もあるでしょう。

仕事ではありませんが、ボランティアで子どもたちに野球を教えるという道もあります。

ですから、最初に描いた夢に固執せずに、途中で夢の形や大きさを変えていくことも、ときには必要です。

そのためにも、将来就いてみたい仕事の内容、どんなことをすればその夢に近づいていけるのかなど、具体的な情報を子どもに与えてください。

一緒にインターネットで検索したり、図書館で本を探したりするといいでしょう。

（3）その道のプロの話を聞く

仕事の概略はインターネットや本で知ることができますが、よりリアルで具体的な情報はやはり本人の口から聞くのがいちばんです。

今まででうれしかったことは何か、これまでどんなことに努力したか、辛かったことは何か、その辛いときをどうやって乗り越えたのか。

リアルな体験談には力があります。

その力が子どものやる気を喚起して、前向きな気持ちで夢へと前進する推進力になるはずです。

子どもの夢を応援する「子ども未来キャリア塾」

夢を描けるように、またいつの日かその夢を実現できるように、子どもたちには「仕事」のことや「働く」ということについてよく知ってほしいと思っています。

むかしは日常生活のなかで、働く人々と身近に接したり仕事を目にすることができましたが、地域のつながりが薄くなっている現代では、それも簡単なことではありません。

また、今の子どもたちはテレビやインターネット、ゲームが生まれたときからあるなかで育っており、情報をキャッチする能力には長けている一方で、現実感には乏しくなっています。

そこで私たちは、仕事に関する知識や情報を学びながら、それを子どもたちの学びのモチベーションにつなげていく、「子ども未来キャリア塾」というキャリア教育セミナーを行っています。

毎回、各分野のプロが登場して、自分が携わった仕事の内容や体験談、学生時代の話などをします。参加した子どもたちには同時に、デジタル映像を使ってその仕事をバーチャル体験してもらうというプロジェクトです。

私の経営する「イー・ラーニング研究所」では創業以来、「教育とＩＴの本格的な融合」を目標に掲げて、学習コンテンツのネット配信や教育ポータルサイトの運営をしてきましたが、この「子ども未来キャリア塾」はフェイス・トゥー・フェイス。

リアルな学びの場です。

ＩＴにはたくさんの良さがあり、バーチャルリアリティの技術はすばらしい可能性に満ちています。

しかしリアルな臨場感は、ＩＴとは別の大きな力をもっています。フェイス・トゥー・フェイスで感じるお互いの表情、声のトーン、人と人とのつながり、コミュニケーション、それらがもたらす教育的な効果は代替できません。

ＩＴという無機質なもの、目に見えないものが増えていくからこそ、リアルな場を共有することの重要性はますます重くなっていきます。

そうした考えから、私たちは「子ども未来キャリア塾」をリアル中心の学びの場にしたのです。

「子ども未来キャリア塾」では、子どもたちが「働く」ということに対してリアルなイメージが描けるように、サポートしていきます。

子ども向けのキャリア教育については、ニートの若者たちが増えていることなどを背景に文部科学省でも重視し、できるだけ早い段階から自分の将来をイメージして、社会的、職業的に自立して生きていける能力を育てるという方向性をとりはじめています。

夢を実現するキャリア教育・実践塾「フォルスアカデミー」

「イー・ラーニング研究所」が提供するのはオンライン学習だけではない。

10年かけてリアルな個別指導も手掛けてきた。

そして2015年、キャリア教育・実践塾「フォルスアカデミー」開講も始まっている。

子どもたちが将来に社会で活躍するビジョンをもつことは、現在の学びのモチベーションにつながる。

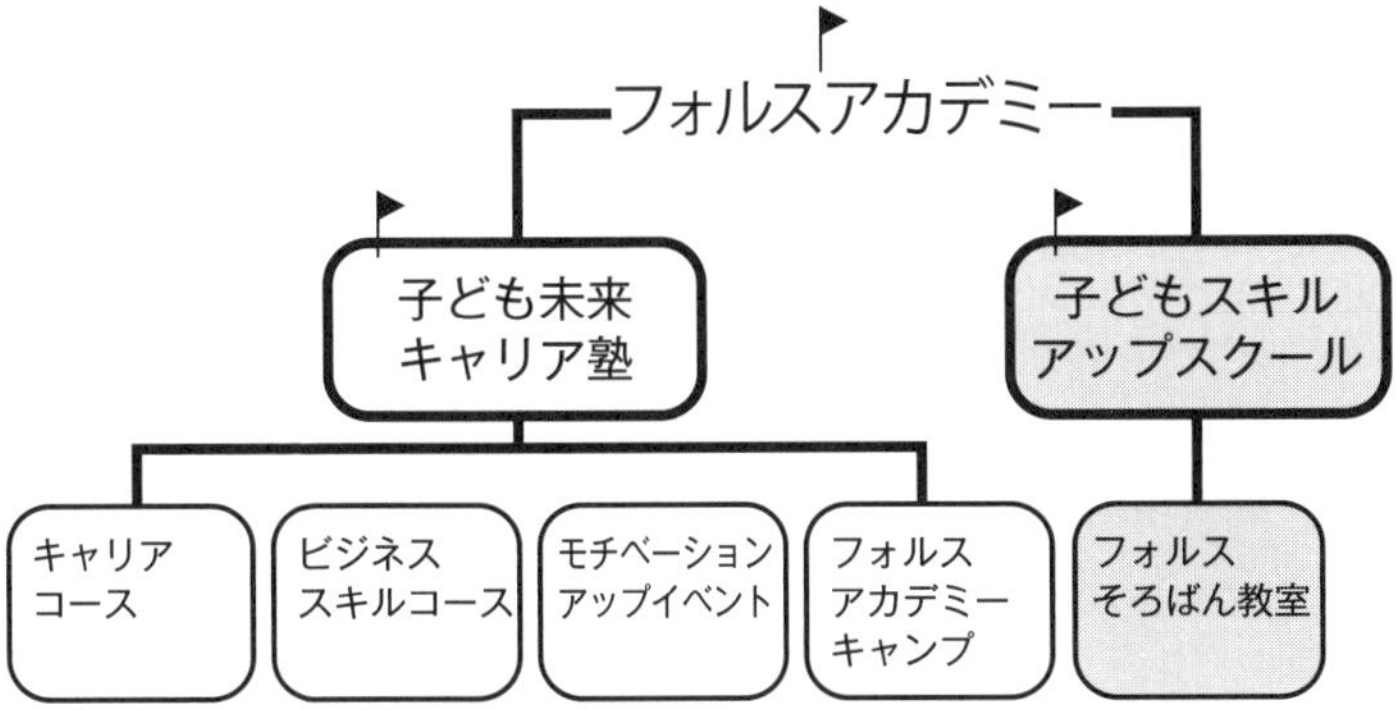

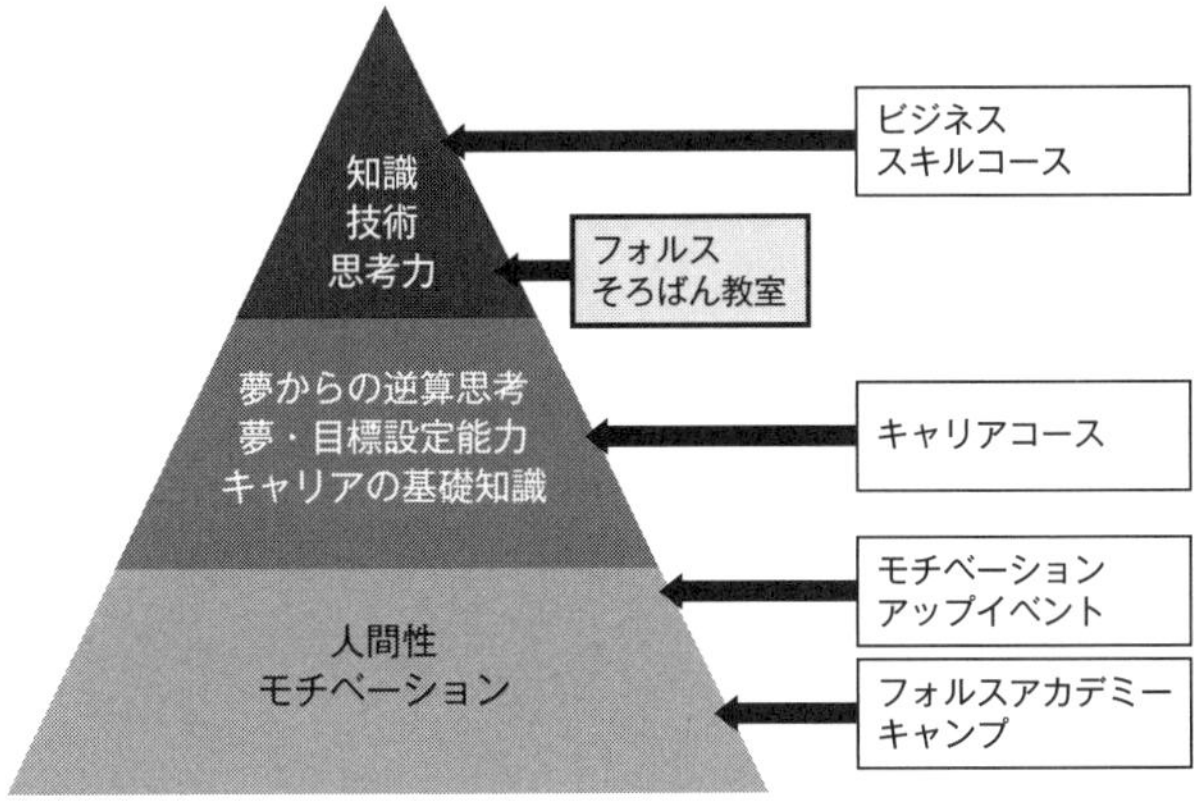

学校では教えてくれないこと

社会のすべての営みは、子どもたちが将来を生きていくうえで必要なことです。

ところがそのなかには、学校で教えてくれないことがたくさんあります。

「子ども未来キャリア塾」で扱っているテーマは、主に、そうした学校では教えてくれないけれど私たちの生活や人生に欠かせないことです。

たとえばそのひとつが「お金」です。

日本の学校ではお金に関する教育はほとんど行われません。

学校だけでなく、日本人はお金の話となると「下品」「あさましい」と敬遠したり、なかには「お金は汚い」と思い込んでいる人も少なくありません。

しかし、私たちが仕事をして得る対価は、ほとんどの場合がお金です。

企業活動はもちろん、学校も病院も公的サービスもお金がなくては成り立ちませんし、国自体の運営もそうです。

「子ども未来キャリア塾」では、このように私たちの暮らしと切っても切り離せない関係にあるお金のもつ意味、稼ぐということ、正しい使い方、経済の仕組み、運用の話などを、専門家のレクチャーとITを使ったバーチャル体験を交えて、お子さんと親御さんに学んでいただいています。

ほかに、「リーダーシップ」や「コミュニケーション」のことなど、今後グローバル社会を生きていくうえで必須とされるテーマも取り上げています。

すべての子どもに夢の力を

私たちはもうひとつ、子どもたちの夢を応援するプロジェクトに取り組んでいます。

それが「ドリームトレイン」というラジオの帯番組の制作です。

School TV DREAM TRAIN出演者
J-WAVE 81.3 FM RADIO

出演者	OnAir
ラジオDJ 秀島史香	2015年3月30日
オーナーシェフ 川越達也	2015年4月6日
プロバスケットボールプレーヤー 田臥勇太	2015年4月13日
シンガー May J.	2015年4月20日
作家 石田衣良	2015年4月27日
作曲家 池頼広	2015年5月4日
アニメーション監督 原恵一	2015年5月11日
プロランニングコーチ 金哲彦	2015年5月18日
樹木医 岡山瑞穂	2015年5月25日
水中カメラマン 奥村康	2015年6月1日
落語家 立川談春	2015年6月8日
ホテルマン 高野登	2015年6月15日
野生動物専門獣医師 齊藤慶輔	2015年6月22日
サッカー プロフェッショナルレフェリー 西村雄一	2015年6月29日
演出振付家 MIKIKO	2015年7月6日
いすみ鉄道運転士 武石和行	2015年7月13日
プロサッカー選手 北澤豪	2015年7月20日
海外ドラマ吹替版演出家 久保宗一郎	2015年7月27日
陶芸家 青木良太	2015年8月3日
美術家 中ザワヒデキ	2015年8月10日
AKB48グループ総監督 高橋みなみ	2015年8月17日
プロフィギュアスケーター 荒川静香	2015年8月24日
メカニックデザイナー 大河原邦男	2015年8月31日
バドミントン選手 小椋久美子	2015年9月7日

「ドリームトレイン」は、毎週ひとつの職業にフォーカスし、その職業に就いて活躍している第一人者から話を聞くインタビュー番組です。

その職業に就くために必要な努力や知識、仕事をしていく喜びなどを知ってもらい、子どもたちが具体的な未来、夢の形を描くときのヒントにしてほしいと考えています。

これまで番組で取り上げた方たちは右ページのリストのとおりですが、そのなかには私たちおとなでもあまりなじみのない仕事に就いている方もいます。

子どもたちは「こんな楽しそうな仕事があるんだ」「こういう仕事が自分には向いていそう」と新しい発見をし、そのワクワク感を勉強や人生のモチベーションにつなげていくことができるはずです。

「ドリームトレイン」は、J－WAVE、FM802、ZIP－FMの3局で、月曜日から金曜日まで毎日オンエア中です。

おわりに

海外の学校の入学試験や、シリコンバレーの有名なＩＴ企業などの入社試験の問題をネットで検索してみてください。

そして、解いてみてください。

日本の学校や塾で教わる知識だけではとうてい太刀打ちできません。

発想力、想像力、思考力、分析力、表現力などがなければどうにもならないことを痛感するはずです。

しかし、日本の教育はあいかわらずの正解主義。

考える力や表現する力が大切だといわれつづけているにもかかわらず、教育現場の対応は遅れ、正解を暗記させることに主眼がおかれているのが現状です。

21世紀はグローバル社会です。

グローバル社会で必須となるスキルは、ＩＴリテラシー、金融リテラシー、語学リテラシーの３つであり、多くの国で金融教育を重視する動きが高まっています。

たいていの日本人はお金を、ほしいものを買うための道具、不測の事態に備える道具と思っているのではないでしょうか。

だから使わずに我慢して、銀行や郵便局に預けたり、たんすのなかに貯めているわけです。

一方、金融教育を受けている欧米の資産家や、香港、シンガポールなど金融立国といわれる国の人々は、「お金はお金を生み出すもの」ととらえています。

だから投資することを重視するのです。

そうした認識の差は、日本人とアメリカ人の保有資産の内訳を見ると一目瞭然です。日本人は資産の約52％を現金、あるいは預金で持っていますが、アメリカでは約13％にすぎません。

一方、「株式・出資金」「投資信託」「債権」を合わせた有価証券の割合は、日本人は13～14％、アメリカ人は50％を超えています。

貯蓄が悪いわけではありませんが、国の公的債務、つまり国の借金を支えているのは、私たち国民が銀行や郵便局に預けている預貯金です。

その日本の公的債務は年々膨らみ、国民総生産（ＧＤＰ）に対する比率で見ると２３３・８％と、先進国のなかでは飛びぬけて多いのです。

公的債務残高のGDP比は経済成長と関係があり、比率が高くなるほど経済成長は鈍ります。

ちなみにドイツやカナダの公的債務のGDP比はそれぞれ約75~95％、アメリカですら110％であることを考えると、日本経済がいかに深刻な状態にあるかがわかるでしょう。

日本人は貴重な資産を、日本国という破綻しかけた金庫に入れているのです。

こういう大切なお金の話も、日本の教育はほとんど教えてくれません。

私たちはたいせつなことを意外に知らされていないのです。

子育てをしていくうえで何を知っておかなければいけないのか、それに気づいていただきたいと思ったのが本書を書くことにした動機のひとつです。

日本と世界では、教育のスタンダードが違ってきています。

にもかかわらず、いまだに「日本史必修の検討」「世界史必修の是非」「英語教育の早期導入」といった議論をしているのを見るにつけ、国は本気で教育を良くしようと思っているのか、真剣に子どもたちの生きる力を育てようとしているのか、子どもたちの未来を考えているのか、と首をかしげざるを得なくなります。

もはや、国が動くのを待っていることはできません。

世界はどんどん前に進んでいるからです。

国ができないのなら、民間企業である私たちが率先してやろう。

私たちが教育を変えていこう。

私たちの手で教育の新しい潮流をつくり、日本の教育を、日本の国を変えていこう。

そう決意し、世界の教育の主流であるアクティブ・ラーニングを導入した日本初のｅラーニング、「スクールＴＶ」の提供を、２０１５年夏からスタートしました。


日本社会の経済格差は、想像以上に広がっています。

それにともなって学力格差も大きくなり、子どもの貧困も深刻さを増しています。

子どもたちは今、いろいろな危機に直面しているのです。

流動的で不透明な時代だからこそ、子どもたちには夢や目標をもち、それを原動力にして生きていってほしいと思っています。

たとえ夢が実現しなくとも、全力で取り組めば達成感が残ります。

それが生きるうえでの大きな財産になるからです。

そしてその「達成感」を、私は子どもたちに「スクールＴＶ」を通して体験してほしいとも思っています。

昨日までわからなかったことが、今日わかるようになった！

昨日までは教室で下を向いていたけれど、今日は顔をあげられた！

今日は、手をあげて答えることができた！

友だちに教えてあげられた！

ひとつひとつの小さな達成感が、勉強に向かう姿勢を変えてくれます。

達成感が自信になって、日々の生活に対する態度が変わります。

その積み重ねが人生そのものを大きく変えていくはずです。

子どもたちの幸せな人生、幸せな未来を、私たちは「スクールＴＶ」を通してサポートし、実現していきたいのです。


私に教育を授け、教育の大切さを教えてくれたのは母でした。

その母は亡くなる直前、見舞いに行った私の手を握り、苦しげな呼吸の合間合間に「お前は、私の宝……」といってくれました。

今も忘れることのできない大切な言葉です。

子どもは、親にとって宝です。

すべての子どもが、ひとりひとり、かけがえのない宝です。
宝である子どもたちが未来に希望をもち、たくましい足どりで歩んでいけるように、
私たち「イー・ラーニング研究所」はこれからも力を尽くしてまいります。

2015年11月

株式会社イー・ラーニング研究所　代表取締役　吉田智雄

吉田智雄（よしだ　ともお）

1986年 大阪商業大学 商経学部卒業。
1986年 トヨタカローラ南海株式会社入社。
1994年 情報通信関連の代理店として独立。
1997年 ディプロデータサービス株式会社設立。
2002年 株式会社イー・ラーニング研究所設立。
代表取締役に就任。現在に至る。

明日必ず学校に行きたくなる

アクティブ・ラーニングが日本の教育を変える

2015年11月19日　第1刷発行

著者――――吉田智雄
発行所――ダイヤモンド社
〒150-8409　東京都渋谷区神宮前6-12-17
http://www.diamond.co.jp/
電話／03-5778-7235（編集）　03-5778-7240（販売）
装丁――――ジュリアーノ・ナカニシ
写真提供――蕾田純一
製作進行――ダイヤモンド・グラフィック社
印刷――――八光印刷（本文）・慶昌堂印刷（カバー）
製本――――ブックアート
編集担当――花岡則夫，大曽根 薫

ISBN 978-4-478-06662-1